江山半壁人離亂

抗戰中的文人私事

莊瑩 著

目次

「我苦哉，我苦哉」
——周作人的「苦」及抗戰中的周家後院

關於周家的事，似乎無從說起。

如果非要找一個節點的話，將時間放在一九三六年吧。這年十月十九日，魯迅去世。周家的很多事情，都是圍繞著大哥和二弟展開的。

往前數，一九一二年，魯迅隨教育部北上，一九一七年周家二弟北上。一九一九年，魯迅在北京八道灣胡同購房，十一月二十一日，先與周作人一起搬進了新居。然後，於這年十二月一日魯迅啟程返鄉，接家人進京。

近鄉情怯，此情此景，魯迅〈故鄉〉寫是：「時候既然是深冬，漸近故鄉時，天氣又陰晦了，冷風吹進船艙中，嗚嗚的響，從篷隙向外一望，蒼黃的天底下，遠近橫著幾個蕭索的荒村，沒有一些活氣。我的心禁不住悲涼起來了。」

魯迅帶走了母親魯瑞以及朱安。朱安帶走了一張娘家的全家福，自此和家人真成永別。朱安留給娘家的是一張魯迅的照片，這張照片拍攝於十年之前的日本。

就這樣，周家變賣了在浙江的房子，這年年底十二月二十四日，晴。魯迅在日記中寫下了這樣的一句：「下午以舟二艘奉母偕三弟及眷屬，攜行李發紹興。」

十二月二十九日，一家人來到了北京八道灣胡同十一號。

以後的故事要發生在北京了。

（二）

大先生的事情，我們已經知道的很多了，還是從二先生開始吧。

一九一七年三月二十七日，周作人北上。此行是受蔡元培的邀約，前往北京大學任教，擔任希臘文學史及古英文課的教員。

而出發的當日，也恰是其叔祖周慶蕃的「五七」。周慶蕃字椒生，據錢理群所著《周作人傳》中記載，周作人是「因他之力而第一次逃出家鄉」。所以，周作人在離開故鄉北上的時候，感慨應該是很多的。多年以後，周作人在他的《知堂回憶錄》裏稱，自己的人生之途準備期已經結束，由此開始了獨立的人生之路。

雖然周作人是受邀前往北大任教。但此時北大已經開課，此前所提及的課程早已無法開設。權益之下，蔡元培約其先擔任預科國文作文老師。但這讓他「大為喪氣」。他當即想定在北京再玩幾天，然後回到紹興去。「也許在潛意識裏，他仍然擺脫不下故鄉的蠱惑」。[1]六年之前，他還在懷疑自己思念日本，「豈人情乎」。

但他還是留了下來。蔡元培想出了一個折中的辦法，周作人先臨時擔任北大附設的國史編纂處的一名編纂，月薪是一百二十元。到了這年九月四日，他正式收到了北大的聘書，他被聘為「文科教授兼國史編纂處纂員」，月薪已是二百四十元。

這份薪水是很高的。與此形成對照的是，一年之後的一九一八年，八月十九日為組織湖南青年赴法勤工儉學，毛澤東與新民學會的張昆弟、羅學瓚、李維漢、羅章龍、蕭子升等二十四位青年一起到達北京。[2]此後，毛澤東當過一段時間的北大圖書館管理員，月薪只有八塊大洋。

從一個旅日歸國的中學教員到北大教授。

周作人開始登上了歷史舞臺。

在新文化運動中，周作人和周樹人一樣，是不可忽視的一員。

但在期間，兄弟反目，雖其原因一直為世人所分辨不清，但東啟明西長庚的永不相見成了現實。

在最終，他看到李大釗被捕被殺。繼而看到百姓對於革命者的被殺亦如其兄魯迅筆下的民眾一般。他看到在天津，革命者的被殺只是換來民眾對於「出紅差」的「大娘們兒」的興趣，也不過是「看她們光著膀子挨刀真有意思」。

最終，連他自己也與劉半農一起逃難到了日本友人的家中。錢理群在其《周作人傳》中說，「這是周作人一生中唯一的一次逃難，記憶自然是十分深刻的」，「他終於在歷史的進退之間做出了新的決斷。——周作人的五四時代從此結束」。

（二）

關於周家抗戰時期的事，有些是應該從大先生的去世說起。

此前，雖然兄弟反目，但畢竟還是完整的一家人。有魯瑞在，大先生在，周家依然過得很安靜。大先生和二先生都是名流，也都很少提及對方。但北平與上海的來往是有的，特別是在錢的上面。

事情從一九三六年說起。這年十月十九日，周海嬰一早醒來，保姆許媽告訴他，「弟弟，今朝儂勿要上學堂去了」，「爸爸嘸沒了，儂現在勿要下樓去。」[3]

這天早上魯迅與世長辭。許廣平擁著周海嬰說：「現在儂爸爸沒有了，我們兩人相依為命。」[4]後來發生的諸多事情，的確他們母子是在相依為命了。

魯迅的墓地選在了虹橋路的萬國公墓，這裏離宋家墓地比較近。棺木選擇的是「一口相當昂貴的西洋式棺木」。雖然後來又傳言說是這口棺木是宋慶齡出資贈與的，但周海嬰根據回憶斷定，「這棺木是自費購買的」。不僅如此，魯迅墓碑上的文字也是由周海嬰來書寫的，原因是許廣平告訴他，「爸爸的墓碑，誰寫都會受到牽連，你是兒子，又是孩子，他們抓不到把柄的。」

雖然墓碑由周海嬰來寫避免了別人的牽連。但是在這塊墓碑之上，有魯迅的燒瓷頭像，在抗戰期間，這個頭像不翼而飛，並且敲的仔細也很有技巧，「沿臉孔周圍用細槌擊鑿，正好是當中面容那部分失去了，四周卻沒有大的裂痕，不像有人因洩恨而猛力打擊，或者被頑童以石塊敲砸所致。是行家裏手小心翼翼地把整個瓷像面部取走了。問題是這樣做的動機究竟是什麼？如果從善意分析，也許是為魯迅墓的安全著想，以此掩人耳目，才費了這番苦心。母親在一篇文章裏，依據那時的世道人心，有過上述的猜想。」後來，市面回復平靜，這畫像又被複製了一塊放在了碑面上。[5]

關於魯迅之死，似乎就到這裏。但魯迅和周建人兄弟都是飄零到上海之人，他更大的後方應該在北京，按照道理，作為大哥的離世，北方總應該有所反應才是。

反應總是有的。

消息最先傳到北京的周作人那裏，是三弟周建人發的電報。雖然此前兄弟勢如水火，但兄弟鬩於牆外禦其侮的道理他們還是懂的，生死面前，一切都顯得不重要了。

更何況，後來的資料顯示，其實兄弟倆個一直都在彼此關注，只是很少發言而已。比如，在一九三六年初，北平和天津的文化界名流共一百零四人共同發表了一份宣言，《平津文化界對時局的意見書》。這份名單中沒有周作人的名字。魯迅對周家老三說起老二「對於救國宣言這一類事，連錢玄同、顧頡剛一班人都具名，而找不到他的名字。我的意見，以為遇到此等重大題目時，亦不可過於後退……」[6]

不僅如此，魯迅還對人說起二弟，文人之中讀書的是自家兄弟周作人最多最好；周作人的書是不用審稿就可以出版的，「莫非啟孟的稿子，還用得著校嗎」……如此種種，足以見得，作為哥哥的，對自家弟兄的動向還是極為關心的，雖然他們表面上看來已經老死不相往來。

根據李伶伶在《周家後院》中的描述，「周作人這個一貫平靜得近乎冷漠的傢伙，懷揣著報喪電報，依然按部就班的去學校上班。大概他想，不能因為家務事而放學生的鴿子，即便課是上不去了，總也得去打個招呼。來到學校，走進課堂，他宣佈：今早家兄不幸在上海病逝，不好意思，對不起了，今天的課不上了。」

他離開學校之後，去北京圖書館找到魯迅在紹興的學生宋琳，回家報喪。

白髮人送黑髮人的魯瑞倒沒有哭，「不過兩腿發抖的厲害，簡直不能獨自舉步了」，這應該是最大的悲痛，否則也不會在四天之後的二十二日跟孫伏園說「論壽，五十六歲也不算短了；只是我的壽太長了些；譬如我去年死了，今年不是什麼也不知道麼？」

周作人沒有參加魯迅的喪禮，他表示由三弟周建人代勞，「他和家嫂都不會去上海」。周作人和朱安都沒有提及許廣平，「不過，朱安不提，也是只是一時疏忽，不會是刻意，因為他沒有那麼多腸子拐彎；周作人不提，是可以的，他從來只認朱安這一個大嫂，至死也沒有承認許廣平是他們周家的一份子。」[7]

作為妻子的朱安也是沒有參加魯迅的葬禮的，因為她實在不知道該如何去參加。在當時，朱安已經四年沒有見過魯迅，「她只是從二先生那裏瞭解丈夫的死訊，那還是沾了婆婆的光。如果婆婆不在，誰把她當回事，誰會在第一時間將噩耗通知她這個久已在事實遺棄中灰飛煙滅的正牌夫人？」再者，她甚至沒有接到邀請她赴滬參加葬禮的信函。

於是，上海的一切都由周建人和許廣平代勞。在上海萬人送別魯迅的隊伍中，少了周作人及朱安的影子。

但有一點是要注意的，周作人在接受《大晚報》記者採訪的時候稱，「（魯迅）這次在上海住的地方也很秘密，除去舍弟建人和內山書店的人知道以外，其餘的人都很難找到。」這句話為後人所懷疑，「不免想像力過於豐富和誇張了」，「他好像去找過而沒有找到似地」。[8]

而根據周海嬰日後的回憶，當時魯迅在上海的住所的確如周作人所說的那樣，極為隱蔽。「那時白色恐怖彌漫，國民黨反動派視一切進步文化人士如眼中釘，父親自然受到的威脅更大，因此他的住址對外保密，結交的朋友除非關係特別者，都儘量約在外面或在內山書店會面」。[9]但是，魯迅的住址是否對周作人保密，那就不是外人所知道的了。

魯迅在上海受到生命的威脅後來得到了證實。一九九二年，沈醉告訴了當時同在全國政協第四四組的周海嬰一個「從沒透露過的秘密」，那就是在上世紀三十年代，沈醉曾經奉命成立了一個監視小組暗殺魯迅。但後來由於魯迅的聲望沒有動手。

但這並不意味著魯迅就不能不小心。當時，魯迅與柔石、馮雪峰交好，「後來柔石被捕，國民黨進一步搜捕，風聲很緊，魯迅就攜帶全家人到花園莊避難。中間似乎還在內山先生家裏住過一夜。等到稍稍平靜一點，魯迅回家，看到門口釘了一塊木牌，上寫『鐮田誠一』，大概是內山先生出於好意，利用這種方法，藉以掩人耳目的。魯迅立即拆下，收藏起來」。[10]

柔石被捕是在一九三一年一月，「鐮田誠一」木牌也發生在那個時期。與之相對應的是，同年，「九・一八」事變以後，局勢稍有波動，信子就把八道灣門上的「周宅」門牌摘下，換上「羽太寓」的門牌，甚至乾脆掛上日本的國旗，表示這是日本人的住宅。而周作人卻安然自得。祖母為此歎道：「八道灣裏只有一個中國人了。」

魯迅死在了一九三六年，免卻了此後的下水、抉擇、站隊，乃至於那個著名假設所能產生的情況。

但他的家人卻都面臨了。

（三）

對於中日之間的戰事，周作人心情複雜，日本於他不僅曾是東渡之地，更是妻子的娘家。並且，在周家兄弟之中，唯有他一人沒有再婚。可見他還是重感情的人。當然，也可以說，二先生對這份感情比較滿意。

另一個方面說，周作人在日本也有著相當的影響。一九三四年夏天，他趁著學校放假的時間，與妻子又一次回到日本，在這裏他被作為中國文化界的一位重要人士接待。當時寓居於日本的郭沫若在日記裏寫下了如此的記錄，「豈明先生此時小寓江戶，江戶文士禮遇甚殷，報上時有燕（宴）會招待之記事。豈明先生的生活覺得很可羨慕。豈明先生是炎黃子孫，我也是炎黃子孫。豈明夫人是天孫人種，我的夫人也是天孫人種。豈明先生的交遊是騷人墨客，我的朋友卻是刑士憲兵」。[11]此間感覺耐人尋味。

一九三四年他在日本期間寫了〈杜牧之句〉，宣稱自己要忍辱負重，「安莫安於忍辱」。一九三五年又創作完成〈關於英雄崇拜〉說「和比戰難」等一些文章。

時局到了一九三七年，一切都很是明瞭。六月，他在《桑下談・序》中提及要「樂行不如苦住，富客不如貧主」，「這苦住的意思我很喜歡，曾經想借作庵名，雖然這與苦茶同是一庵，而且本來實在也並沒有這麼一個庵。不過這些都無關係，我覺得苦住這句話總是很好的」，他要將

「苦茶庵」改為「苦住庵」，他還說，「現在找著了苦住，掉換一個字，雖缺少婉曲之致，卻可以表明意思了吧」，那麼這應該可以「表明意思了吧」。

在他寫完這篇文章的不久，盧溝橋炮響，七月底北平淪陷。學者教授們紛紛南下，有些人記起來北平的二先生，如此重要的人物怎能留在北平呢？

甚至郭沫若專門寫了文章表明「聞鼙鼓之聲則思將帥之臣」，「然而我自回國以來所時時懷念著得，確是北平苦雨齋中我們的知堂」。他還怕話說的不明白，進一步說，對於國際友人可以分庭抗禮為民族掙得幾分人格的人，知堂是其中「特出一頭地者」，甚至宣稱如郭沫若自己這樣的人，為了換取周作人，「就死上幾千百個都不算一回事的」。但周作人留了下來，可能郭沫若的這一番苦心是由於他沒有讀到知堂老人的《桑下談・序》吧。

在淪陷的北平，「舊日友人各自上漂流之途」之際，周作人知道「此雖亦是一種苦」但卻「尚不忍即舍去也」。[12]一九三七年十一月一日，《宇宙風》刊發了周作人的信，其中提及「請勿視留北諸人為李陵，卻當作蘇武看為宜」。

周作人又開始了讀閒書、筆記的生活。這種生活周作人不是沒有嘗試過，一九一一年，周作人回國之後的六年裏，他過的似乎就是這種生活。

一九一一年，周作人從日本回國。本來他還打算在日本繼續學習法文。但魯迅的回信說，「法文不能變米肉」。這有原因的，一年之前，周家已經變賣了祖宗留下的祭田，而「資亦早罄」。

此種情況下，周作人只好攜帶新婚妻子於這年秋天回國。他所見到的與這個季節一樣蕭條，也可能是因為在異國時間久了的緣故，在日本，他所記憶中的家鄉全然不是如此，四處彌漫的是悠閒與詩意。但此時的家鄉，則一片蕭條，汝南周的燈籠還在，但一場風雨即將到來。

這場風雨即是他歸國後的第二月便爆發的辛亥革命，在他的家鄉，浙江的革命也緊接著來臨了。此時，外面的世界一片歡騰與熱鬧。但周作人此時卻「彌益寂寥」，甚至連他自己都在懷疑「宗邦為疏，而異地為親，豈人情乎？」[13]

但在接下來的六年間。日子似乎又回歸了平靜。周作人在當地的教育部門間或任事，並編過教育學會的月刊。還收集過當地的兒歌，抄錄古書。雖然鄉間生活寥落。但周作人也漸漸的適應了故鄉的生活。

可眼下，二十多年過去之後，時局變了，亦不是彼時鄉間，周作人也不是當年在中學教書的周家老二。

現在已是烽火連天的時節。

他最終沒能做成蘇武。

一九三八年二月九日，周作人出席了「更生中國文化建設座談會」，一時之間，全國輿論大嘩。但周作人似乎沒有看到旁人的憤怒和吶喊，反而在與「兒孫輩們打牌中度日」。[14]

一九三八年八月，胡適給周作人寫信。大意是苦雨齋中吃苦茶的知堂老僧，忽然放下茶盅，飄然一杖南行，「天南萬里豈不太辛苦，只為智者識得重與輕」。這期間的輕重，胡適已經說的很是明白了，智者自然是國家為重。周作人似乎也有些苦衷，給胡適的回信說，「可惜我行腳卻不能做到，並不是出了家特別忙，因為庵裏住著好些老小。我還只能關門敲木魚念經，出門托缽募化些米麵」。

（四）

周作人不僅對胡適表示離不開北平。對於其他友人也是同樣的態度。比如，沈從文南下之後，經常給常風寫信。「他頭兩三年信中差不多都聞訊周作人，南行的朋友都很關懷他。」常風經常將這些信給周作人看。周作人很是喜歡，並稱讚信寫的很美。「對朋友們的惦念周作人很感激，但是他不能離開北平。有時我多天不到周家，周作人曾寫信問有沒有沈從文來信」。[15]

常風沒有說周作人不能離開北平的原因是什麼。至於是不是「因為庵裏住著好些老小」就無從得知。但是，這種以奉養老小的理由後來受到了周海嬰的駁斥，周海嬰在《魯迅與我七十年》

中提及，「他（周作人）對老母如此苛薄，竟還好意思給友人寫信和在文章裏假惺惺的訴苦：留在北平苦守為了奉養老母。這十足是在唱戲給別人看，以瞞騙愛惜他的文化界朋友罷了。」

但周作人給胡適主持的文化基金翻譯委員從事翻譯工作，每月兩萬字，報酬是二百元。並且他還在燕京大學謀得了一個教席，自一九三八年九月開始，每週給燕京大學上六個小時的課，燕京大學給付報酬百元。

錢理群在《周作人傳》中記載，他還辭謝了一些勸誘。比如，「三月二十二日，辭偽滿洲大學之邀；四月至八月，再三堅辭偽北京師範學院、女子師範大學之聘，並有勸友人勿加入文化協會之舉；六月十二日，辭不入留日同學會，退還捐冊；八月十五日辭不入東亞文化協會；九月十八日，辭不受所謂北京大學校長兼文學院長。此外，辭謝日偽各方宴會，約稿，邀訪，尚有多次。」

如此看來。周作人似乎與蘇武的氣節也不遠。但一九三九年元旦刺客事件的發生改變了周作人的態度。

這天上午，周作人的學生沈啟无來八道灣十一號苦住庵拜年，雙方正在談話的時候，一個自稱是來自天津中日學院的李姓客人求見。據周作人自己回憶：「只見一個人進來，沒有看清他的面貌，只說一聲『你是周先生嗎？』便是一手槍。我覺得左腹有點疼痛，卻並不跌倒。那時客人（注：此為沈啟无）站了起來說道，『我是客』，這人卻不理他，對他也是一槍，客人應聲仆地。那人從容出門，我也趕緊從北門退歸內室。沈啟无已經起立，也跟了進來。這時候，聽見外面槍聲三四響，如放鞭炮相似。原來徐田以前當過偵緝隊的差使，在門背後等那人出來跟在後面，一面把他攔腰抱住，一面叫人來幫他拿下那人的武器。……不料刺客有一個助手，看他好久不出來，知道事情不妙，便進來協助，開槍數響，那人遂得脫逃；而幫忙的車夫卻有數人受傷，張三傷重即死，小方肩背為槍彈平面所穿過。」[16]

這一事件後來變得撲朔迷離，但周作人自己一口咬定是「日本軍方所為」。無論是何方所為，有一點是肯定的了，這就是遇刺事件改變了周作人的態度。他開始有了便衣住在家裏保護自己。也在一九三九年的一月十二日，接受了北京大學圖書館館長的聘書。以後的事情就「順理成章」了。

根據錢理群在《周作人傳》中的梳理，「三月二十八日，周作人接受了委派他為北大文學院籌備委員的職務，四月二十八日，他往北大本部陪宴，來者皆憲兵隊長。五月八日，他往北大赴招考會後，又往赴湯爾和招宴。五月二十六日，又往北大辦公處，應公宴，來者皆兩方教育文化之官。七月十九日，周作人與當時已被委任為偽北京大學秘書長的錢稻孫，共同討論北大文學院教職員人事安排，八月即接任北京大學教授兼北大文學院院長之職。九月三日，周作人參加了東亞文化協議會文學部的會議，成為日本軍方控制的東亞文化協會的成員……。」

當然，這換來的是周家生活的寬裕。此前，他連自己的女兒都欠款了。到了這年的七月三日，周作人就開始大興土木，翻新房屋，甚至買起了狐皮衣裘來。到了一九四一年，他家裏的僕役到了十三人之多，一年之後更是增加到二十三人。日子已經過的豐腴而舒坦。

再接著，到了一九四〇年，他出任了「華北政務委員會委員」，並被指定為「常務委員兼教育署督辦」。當然，這前面要加一個「偽」字。至此，周作人全面下水。

周作人對自己出任各種職務的背後動作似乎渾然不覺，豈不知他已經成了一顆棋子。

對於此事，錢理群做了如是評價，「周作人事實上已經成為當時十分複雜的國際、國內政治鬥爭棋盤上的一粒棋子，這對於以獨立的自由知識份子自居的周作人，確實是一個最大的歷史悲劇。而歷史的嘲諷在於，周作人本人不但對於這一切幕後緊鑼密鼓的緊張的政治活動毫不知情，而且在自我感覺上，一直以為自己擁有完全獨立選擇的自主性，以至晚年在說到此事時，仍然說：『關於督辦事，既非脅迫，亦非自動，當然是由日方發動，經過考慮就答應了。因為自己相信比較可靠，對於教育，可以比別個人出來，少一點反動的行為也』」。

（五）

魯迅去世後，一九三六年十一月上旬，許廣平與周海嬰搬到了法租界的霞飛坊六十四號，此地由蕭軍和蕭紅介紹，租金六十元。

許廣平一家搬到法租界霞飛坊不久，周海嬰的保姆許媽就要回鄉養老。對許廣平說，「大先生已經不在世，許先生也很艱難，我回家養老去吧。」[17]一直到了一九四六年春天，才再次見到周海嬰，但這已經是最後一次見面。

此處，許廣平一家遭遇了魯迅去世後的第一次驚魂，那就是失竊。這次是有人用「悶香」讓這對母子一直睡到日頭曬到了南窗。財物的損失當然是不可避免的了。此次遭竊後周建人一家搬到了霞飛坊。如此，上海的周家人又住在了一起。

以當時的情形來看，請周建人一起來住，一則可以防備盜賊，二則可以節省開支。周海嬰在《魯迅與我七十年》中也是如此的表述，「父親治病和喪事，支出近六千」，再加之搬家等，「一時變得手頭很緊」。但這段時間並不長，由於四件在周海嬰說來「都是我的錯」的事情，「沒過幾天，叔叔向母親說，夏丏尊住在本弄三號，家裏冷清，有空閒的屋子，讓他們搬去作伴。這樣，叔叔一家便搬走了。母親歎了口氣對我說：『我們難道不冷清，不需要陪伴？』而我從心裏明白：錯都在我！」[18]

周建人的婚事本身在魯迅看來就是「逼迫加詐騙成局」的，是周建人的表妹患病去世後，羽太信子的一樁「計畫」。根據周海嬰的表述是這樣的，「終於有一天，她先用酒灌醉了建人叔叔，再把芳子推入他的房間，造成了既成事實」。[19]這樣的婚姻自是沒有任何的感情基礎。再加之，當時周建人沒有學歷，沒有合適的工作，連去北大聽課回家也受到芳子的嘲諷。

如此之下，周建人南下，進了王雲五的商務印書館。但羽太芳子卻不曾與之南下，反而每月討要生活費，周建人工資本就不高，還是每月滙去五十元。乃至於周建人病中，芳子都未曾南下，如此，未免心灰，於是有了後來與王蘊如的結合。

周海嬰進而有了如下的敘述：

到了日偽時期，叔叔與王蘊如嬸嬸已有三個孩子，是個五口之家了。但當時市面上商品奇缺，物價飛漲，尤其是糧食必須花幾倍的錢買黑市的大米來補充，才得以勉強填飽一家大小的肚子。而這一切，全靠叔叔那有限的工薪來維持，其艱難可知。不想，就在此時，作為同胞兄長的周作人竟然使出凶辣一手：他依仗日寇勢力，讓北平的日本使館通知上海領事館向商務印書館的負責人王雲五下令，由會計科從建人叔叔的每月工資裏扣出一半，直接付滙給周作人。這無異是釜底抽薪，使他們生活雪上加霜。但他只能接受這一事實。因為在那個年代，以叔叔的性格和所從事的專業，想要另找職業是不容易的。為了一家人的生活，他惟有忍氣吞聲保住「商務」這隻飯碗。[20]

生活艱難，周建人只好變賣自己的心愛之物來討一條生路。他甚至將自己研究生物專用的德國顯微鏡也賣了。

此間，在一九四一年，他在北京的孩子周豐三用周作人護衛隊一個成員的手槍自殺了。當然這是後話。

（六）

周建人搬走後，許廣平開始忙於《魯迅全集》的出版。

魯迅逝世後，為防備搜查，魯迅的幾百萬字手稿隱藏在廚房牆角煤堆裏。上海淪陷後，租界成了「孤島」，魯迅手稿的安全受到嚴重威脅，儘快出版《魯迅全集》迫在眉睫。

魯迅逝世後第九日，許壽裳即致許廣平信稱，刊印《魯迅全集》，當「有政治關係」，「務請先向政府疏通，眷念其貢獻文化之功，盡釋芥蒂，開其禁令，俾得自由出售」。為此，許廣平就已經開始為全集的出版四處奔走。

許廣平還托周建人給魯瑞寫信，以獲得《魯迅全集》的出版權。論版權，魯迅全集的出版權在朱安手裏，畢竟朱安才是魯迅當時法律上的妻子，即便許廣平與魯迅是事實上的婚姻，但鬧上公堂也是不該生的枝節，雖然朱安對許廣平關係一直融洽。不僅如此，魯迅的友人許壽裳等也在北京登門與魯瑞商談魯迅全集的出版事宜。

魯瑞的態度自是很好，除了表達「只要海嬰一長大成人，你就是周家的功臣」之外，還表示，版稅問題「我向不經意」。而朱安也是親自給了許廣平第一封直接通信，言及「所有一切進行以及訂約之事宜，即請女士就近與該書館直接全權辦理為要」。

此處所指的書館是指商務印書館，原本出版魯迅全集，北新書局有先天之優勢。但由於其因版稅糾紛曾與魯迅對簿公堂，此次出版《魯迅全集》已「必不可靠」，許廣平和魯迅先生紀念委員會於是又希望這套書能由商務印書館來出版發行。這並非沒有可能，並且對商務來說也是一件功德無限的事情。

在胡適的幫助下，許廣平與王雲五接洽。王雲五當即表示，「極願盡力，一俟中央批下，即可訂約，進行全集付梓」。計畫將二百萬字之魯迅著作分為十冊出版。這本是一件「嘉惠士林，裨益文化」且功德無量之事，但是由於北新書局拒絕讓出版權，商務印書館出版《魯迅全集》的計畫落空。

最後的結果是「在日寇入侵、國民黨政府遷都重慶、上海出現新聞出版控制縫隙的情況下，許廣平與魯迅先生紀念委員會當機立斷，由上海復社以民間的方式運作出版全集。『復社』是一家有明顯左傾傾向的『地下書店』及出版團體，上海淪陷後，為方便出版如斯諾《西行漫記》之類的紅色書籍，由胡愈之牽頭成立，社址設在胡愈之家裏，成員有鄭振鐸、許廣平、張宗麟、周建人、王任叔等十多人，張宗麟任總經理。」[21]

如此，以霞飛坊的空閒房子為編校場所，成立了編輯委員會，原本冷清的許廣平家「又熱鬧了起來」。一九三八年八月，這套由上海上海複社出版的二十卷本《魯迅全集》出版，由蔡元培作序，許廣平題跋。全集共分為木箱即將紀念本和沒有木箱的紀念本以及紅色布封的普及本。這就是後世人們常提及的一九三八年版《魯迅全集》。

完成這項浩大工程的除了這十多人的編輯委員會，據薛林榮的文章可以看出「在這一過程中，蔡元培、馬裕藻、許壽裳、沈兼士、茅盾、周作人事實上也參與到編輯委員會的工作中，最盛時參與編輯的有近百人，堪稱現代文學出版史上的第一號工程」。

（七）

魯迅在南下之後，魯瑞的生活費一直由魯迅承擔。但周作人也並非沒有照料老人，雖然他自己很少來看望，但信子卻總會前去問候。

雖然魯迅去世的時候，周作人回答母親「老二，我以後要全靠你了……」的時候做出了「我苦哉，我苦哉……」的回答。周作人的這種回答現在想來，應該是有些許道理的，在北平，他有一大家子要養活。

自魯迅逝世到一九三七年底的十四個月，魯瑞與朱安的生活費一直由許廣平承擔。當然，也有一種說法，李霽野瞭解到的是在魯迅死後「周作人和信子每月輪流去一次西三條看望老太太，只不過是坐坐而已。八道灣的孩子，似乎不太露面等等」。[22]

這就有了許廣平給周作人寫信的事情。不妨全文抄錄如下：

賜函謹悉。

前承先生見借會稽郡故書雜集，由馬先生轉交與魏建功先生，當由他保存至昆明。全集集稿時，始電請航寄至滬，現保存在生處。如先生何時需寄回示知當設法也。

全集已出書，因是幾位朋友幫助，靠收預約款付印。但因不景氣之故，售價未敢提高；而紙張、印工等等費去甚巨，約二萬金。除預約所得，初版尚欠約八千元，生收得版稅千元。現雖再版，尚未出書，版稅不知何時可有，即有亦不會多初版千部，每部版稅一元。大先生生時，靠版稅生活，但因他自己境遇之故，不便露面多交涉，故常常餓肚皮做事；大病亦不敢住醫院，免多花費；其所以死，經濟也有關係。死後北新想出全集，頗為敷衍，版稅倒按月付與北平老太太及上海生處。但自去年八月起，平滬即同時停付。此二年餘之生活困苦，生即不言。大先生死後喪葬費三千餘元，及醫藥等共欠五千餘元，諒在先生洞鑒中。不得已，從紀念金中借取九百元，先後寄平，聽說將次用罄，近即無法。而滬上生處海嬰身弱多病，常在調理中；又大先生遺書甚多，不能不妥為保存；上海復寸金寸土，屋租奇昂，生活費更高以前欠債尚無著落；統計年餘費用，全由紀念金款借取，自以為將來全集出後，可陸續籌還。現全集出來所得之款，全部還去，仍欠二千餘元。目下兩地生活，絕無善法。生與海兒，即使行乞度日，然太師母等春秋甚高，豈能堪此，又豈先生等所忍坐視。中夜彷徨無計，故特具陳經過，乞先生憐而計之，按月與太師母等設法，幸甚　肅此，敬候著安

生許廣平上[23]

許廣平在這裏的姿態放得極低，稱自己為「生」，由版稅到生活到上海的寸金寸土生活之困苦，進而落腳到「中夜彷徨無計，故特具陳經過，乞先生憐而計之，按月與太師母等設法」上面來。

那麼，這最後的結果就是從一九三八年開始，周作人開始承擔母親周瑞的生活費，每月五十元，不過這不包括朱安的。魯瑞去世之後，在〈先母事略〉中，周作人也提及每年魯瑞生日，周作人也會叫飯館去辦一桌酒席，也會叫上自己的兒子一起拍一張照片作為紀念。

一九三九年之後，由於周作人開始逐漸的「變節」，所以此時，其生活已逐漸好轉。但是，在上海的許廣平一家卻日益艱難。周海嬰在其回憶錄中是如此敘說的，雖然魯迅生前有些積蓄，但由於喪事和搬家，所剩無幾，所以「在日常生活方面，母親早在儘量壓縮開支，並把所住的一樓，二樓和二層、三層樓的亭子間都租出去。母親和我已擠進三樓的書籍夾縫中起身」。

此時，周海嬰年幼，按理應該補充營養，但此時已是連肉葷腥都已經買不起了。但還要供給北京的盧若和朱安生活費。

在一九四〇年，許廣平與郁達夫曾經有一次通信，其中提及了迫不得已請二先生周作人幫忙負擔魯瑞一事。其中提及，「他（指周作人）並不回信，只由老太太來字說他擔任一半，其餘一半及意外開銷還要我設法，想到她們孤苦，我也只好硬著頭皮設法，如此又度去了一年」。從中我們可以得出這樣的結論，雖然許廣平在信中以學生的姿態致信於「先生」，但二先生並沒有理會，他們之間的資訊傳遞依舊是靠魯瑞來進行的。如果加上前面所言及的，魯迅死後周作人答記者問的時候曾說，「他和家嫂都不會去上海」，這似乎又一次在印證著，他自始至終都不曾承認有許廣平這個兄嫂的存在。

屋漏往往會更加注意連陰雨的到來。許廣平亦如是。在上海，雖然許廣平也會偶爾寫一些文字，但這並不能換多少錢來補貼家用，至於魯迅文集的錢也沒有多少到他們的手中。反而是經銷的書店「大發其財」，而自己卻沒有錢再印，「連些微版稅都落空了」。這個時候，卻遇上房租大漲，海嬰生病，「只他一人有時至百金以上；其餘共計每月非二三百元不可」。一時之間可謂是孤苦無依。出國謀生又不可能，只能困居上海，「在滬勉強支持著，找些小事做做，再待機會」。

一九四〇年，「為了生活」（周海嬰語），許廣平開始以「魯迅全集出版社」的名義，正式出版發行魯迅的著作。但這也不易，往往書送到書店，並不能立即得款，這類似今日之圖書發行，回款遙遙無期，只是收到一張不知何日能夠兌現的「支票」。

在上海，許廣平以及周建人一家的生活自是艱難。但許廣平給魯瑞的錢卻一直沒有少過。不過也會引發起一些「誤會」。比如，許廣平在給許壽裳的信中提及，「周先生病死，為什麼一個人也不來負責？這時倒迫起我了！」

許廣平與魯瑞的通信一直到了一九四一年的九月三十日結束。這裏面的原因之一就是，在這年的年底，太平洋戰爭爆發，日軍開始進入外國租界。十二月十五日，許廣平被日本憲兵隊抓捕，被關押七十六天之久，後被內山完造保了出來。

但上海的音信是沒有了。

一九四三年四月二十二日，魯瑞去世。

當天上午六點，周作人與信子一起去看望魯瑞，就發現此時魯瑞已經不佳。他在那裏呆了將近五個小時，一直到中午十一點的時候才回家。放心不下，當日下午二點，又去看望。此時已經進入了彌留狀態。五點半的時候魯瑞去世。值得一提的是，四天之前的四月十八日，周作人去看望魯瑞，魯瑞告訴他「這回永別了」。

魯瑞去世的時候，周作人剛南下歸來。這次南行周作人的身份是汪精衛國民政府的委員、華北政務委員會委員，自然是衣錦而行。

但他剛一歸來就遭遇喪母的事件，所以他認為這年「在我是一個災禍很重的年頭」，原因就在於「在那年裏我的母親故去了」。他還為此寫了《先母事略》，連同訃聞一起印發了。

魯瑞給周作人的遺囑，是其死後原先每月給她的零用錢要一分不少的留給朱安。並給朱安也留下遺囑，對這份錢要一分不少的收下，「那是我的錢，但屬於你」。

（八）

魯瑞去世，聯繫原本失和的三兄弟之間的紐帶似乎已經消失了。

事情或許可以這樣了結了。但沒有。

一九四四年八月二十五日，上海《新中國報》刊登了一則消息，稱魯迅在北京的家屬打算出售魯迅生前藏書。

魯迅在北京的家屬，這個人是誰呢？普遍都認為是周作人。並且，周海嬰後來回憶也說是，上海的周國華告訴許廣平一個「奇特」的消息，上海的舊書鋪已經接到了北平傳來的一份書目，「說是周作人要賣魯迅在北平的藏書，書目有一冊厚」。[24]

雖然猜測是周作人，但賣書的直接原因就在於朱安的生活困頓。來自於上海的生活費因諸多原因斷絕了，而周作人所給她的錢雖然由每月的五十元到了一百五十元，但這遠遠趕不上物價的上漲。她已經過不下去了。

賣書一事，朱安與內山完造有一次通信，從中也能看到一些朱安的生活狀況，其中提及：

魯迅生前，我和我婆母周老太太的生活費，每月提前寄到，過年過節總是格外從豐，並且另有存儲一千餘元，以備不時之虞，我也克盡我的天職，處處節省，自魯迅逝世之後，我秉承婆婆的意思，把儲存之款分月撥作家內的家用，當時有一位許壽裳先生，來代許女士索要魯迅先生全集的出版權，擔保許女士嗣後寄回北京寓的生活費，不使缺少，同時許女士也有信來索取版權，並表示極端的好意，我自愧無能，慨然允諾，當將委託手續全部寄去以後，許女士如何辦理，迄未通告，我亦未曾問過，到廿八年冬季，因家用不足，我婆婆周老太太函商許女士，請每月酌加二十元，未能辦到，以後婆婆的花費，都由周作人先生擔任，銀錢之外，米麵煤炭，常有送來，水果糕點，應有盡有，房屋亦來修過。卅一年五月，並我每月四五十元之零費沒有了著落，只好典賣釵裙，黯自彌補，卅二年三月，我婆母周老太太逝世，一切喪葬費用，全由作人先生擔任，並仍每月送我一百五十元，實在可感！雖然這點錢仍是杯水車薪，但我也不便得寸進尺，計較盈絀。

生活是飛也似的高漲，我的債務也一天天的加高到四千餘元，這真使我無法周轉！我侍候婆婆三十八年，送老歸山，我今年也已經六十六歲了，生平但求布衣暖菜飯飽，一點不敢有其他的奢望，就是到了日暮途窮的現在，我也仍舊知道名譽和信用的很可寶貴的，無奈一天一天的生活壓迫，比信用名譽更要嚴重，迫不得已，才急其所急，賣書還債，維持生命，倘有一籌可展，自然是求之不得，又何苦出這種下策呢！

至於許廣平得到要出售魯迅藏書的消息當然很是震驚。首要的工作是保護北京魯迅的藏書。這讓她與北京又有了聯繫。她委託律師在《申報》上發了一則啟事，嚴明魯迅的遺產應該由魯迅家屬來共同解決，否則都是無效的行為。

同時，據周海嬰在其書中回憶，「即托唐弢、劉哲民二位專程北上去向朱安女士說服安慰，保證他的生活費一定及時解決。之後，母親籌借了一筆錢，存在北平友人處，按月送給朱安女士，這才避免了因戰亂而致匯兌阻隔造成他生活的困難。當然，鑒於我們母子自身的困境，每月能付給的生活費是不多的。」

唐弢也就是魯迅的弟子唐弢，後來他寫了〈帝城十日解〉，這樣描寫了朱安的生活：

「那天宋紫佩陪著哲民和我去到西三條二十一號的時候，天色已近黃昏，朱夫人和原來侍候魯老太太的女工正在用膳，見到我們，兩位老人都把手裏的碗放了下來，裏面是湯水似的稀粥，桌上碟子裏有幾塊醬蘿蔔。朱夫人身材矮小，狹長臉，裹著南方中年婦女常用的黑絲絨包頭，看去精幹。聽說我們來自上海，她的臉色立刻陰沈下來」。

「宋紫佩說明來意，我將上海家屬和友好對藏書的意見補說幾句。我聽了一言不發。過一會，卻衝著宋紫佩說：『你們總說魯迅遺物，要保存，要保存！我也是魯迅的遺物，你們也得保存保存我呀！』」

「我也是魯迅的遺物，你們也得保存保存我呀！」這是我所見到朱安最為淒切的話語。當年，朱安還能看到希望，「我想好好地服侍他，一切順著他，將來總會好的」，再後來她自比一隻蝸牛，「從牆底一點一點往上爬，爬得雖慢，總有一天會爬到牆頂的。可是現在我沒有辦法了，我沒有力氣爬了。我待他再好，也是無用。」但最後，大先生還是走了，「看來我這一輩子只好服侍娘娘一個人了，萬一娘娘『歸了西天』，從大先生一向的為人看，我以後的生活他是會管的。」

可大先生比「娘娘」歸西的早，她還可以與「娘娘」一起生活，而今「娘娘」也歸西了，只能依靠早就與大先生決裂的二先生生活，喝稀粥，吃醬蘿蔔，即使如此，也是債臺高築。無論人的榮譽也好，尊嚴也罷，生存是第一位的，朱安所能做的只有賣掉魯迅的藏書，別無他途。

最後這件事情當然解決了，朱安也是一個開通的人。這一事件就此平息，「具體地說，售書事件解決後，『許女士』又從朱安的生活中消失了。沒信來，更沒錢來」[25]。朱安等到許廣平的錢款卻是一年之後。

再說一點關於魯迅的藏書。郁達夫在《回憶魯迅》中提及，有次他去拜見魯迅，「海嬰在那裏搗亂，翻看書裏的插畫，我去的時候，書本子還沒整理好」。魯迅卻很興奮，大笑著說，「海嬰這個小搗亂，他問我幾時死；他的意思是我死了之後，這些書本都應該歸他」。[26]

但據王元化在為海嬰的《魯迅與我七十年》所作的序言中透露，建國後，「許廣平將和魯迅有關的一切物品幾乎全部捐獻了出來，包括魯迅朋友送給魯迅的物品和文物，連魯迅特地為海嬰謄抄的《兩地書》，海嬰摸都沒摸一下，就捐出去了。」

（九）

很快，抗戰勝利了。

一九四五年十二月六日，周作人被捕。他面對軍警的槍口說，「我是讀書人，用不著這樣子」。

在獄中，允許家人每月送錢一次，周作人的最少，僅有五千元。

一九四六年十一月，周作人被判「處有期徒刑十四年，褫奪公民權十年」。一九四七年十二月十九日，終審，「處有期徒刑十年，褫奪公民權十年」。

一九四九年一月二十六日，周作人被保釋出獄。作〈擬題壁〉：「一千一百五十日，且作浮屠學閉關。今日出門橋上望，菰蒲零落滿溪間。」

至於兄弟，周作人與周建人一直沒有真正的和好。魯迅名句，「渡盡劫波兄弟在，相逢一笑泯恩仇」，放在自家兄弟身上最終沒有實現。

再添一筆的是，一九四六年六月七日《申報》有記者對傅斯年（當時北大代理校長）的採訪，其中說到周作人參加偽組織。傅說：「他一生也沒做過一句痛快文章，甚至沒有做過一件痛快事，參加偽組織也是此種作風。」

不過傅也說：周「是大漢奸中罪過輕的」。（《看歷史》）

註釋

1 錢理群，《周作人傳》，北京十月文藝出版社，一五六頁。
2 王進等主編：《毛澤東生平紀事》，廣西人民出版社一九九三年六月版，四二〇頁。
3 周海嬰，《魯迅與我七十年》，南海出版公司，五五頁。
4 周海嬰，《魯迅與我七十年》，南海出版公司，五六頁。
5 周海嬰，《魯迅與我七十年》，南海出版公司，一一〇頁。

6 據錢理群《周作人傳》，同見《魯迅研究資料》第十二期，八二十至八三頁。
7 李伶伶，《周家後院》，遼寧教育出版社，二四六頁。
8 李伶伶，《周家後院》，遼寧教育出版社，二四六頁。
9 周海嬰，《魯迅與我七十年》，南海出版公司，六八頁。
10 周海嬰，《魯迅與我七十年》，第八頁。
11 郭沫若一九三四年八月六日日記。
12 周作人，《知堂雜文》，北平新民印書館，一九四四年，一一七頁。
13 周作人《大隅川釣魚記事》後記。
14 據錢理群《周作人傳》，三六一頁。
15 常風，《留在我心中的記憶》，載《逝水集》，遼寧教育出版社一九九五年十月版。
16 周作人《知堂回憶錄》。
17 周海嬰，《魯迅與我七十年》，五一頁。
18 周海嬰，《魯迅與我七十年》，一二四頁。
19 周海嬰，《魯迅與我七十年》，八三頁。
20 周海嬰，《魯迅與我七十年》，九〇頁。
21 薛林榮，《首部〈魯迅全集〉出版始末》，二〇〇九年七月三〇日，《人民政協報》三版。
22 李伶伶，《周家後院》，二十七二十頁。
23 原載《許廣平文集》第三卷，江蘇文藝出版社一九九八年一月版。
24 見周海嬰，《魯迅與我七十年》，一三〇頁。
25 李伶伶，《周家後院》，二十九九頁。
26 朱正，《門外詩話》，鳳凰出版社，三二頁。

鳴鳩曾占鳳凰巢？

——亂世鴛侶郁達夫王映霞的毀家詩紀

十年之後
我們是朋友還可以問候
只是那種溫柔
再也找不到擁抱的理由
情人最後難免淪為朋友

十年，於郁達夫，於孫荃，於王映霞，也是如此。

一九一七年八月三十日，郁達夫與孫荃訂婚，聚少離多，風雨飄搖。

而十年之後的一九二七年，郁達夫結識王映霞，而後在杭州築風雨茅廬。

再往後，一九三七，家國蒙難，人亦離亂。

（一）

事情從一九二七年開始。

這年郁達夫三十一歲。王映霞只有二十歲。

一九二七年一月十日，郁達夫收到孫荃自北京的來信，傷心至極。因為，「她責備我沒有信給她，她說雪地裏去前門寄皮袍子來給我，她又說要我買些東西送歸北京去。」[1]

而四天之後，事情正在起變化。

王映霞在《我與郁達夫》裏回憶他們的這次初次見面，時間是在一九二七年一月十四日，王映霞稱，「這是一個我無法忘卻的日子和時刻」。

這天，她見到了她以前所讀過的《沉淪》的作者。

王映霞在浙江讀女子師範的時候，便已經讀過郁達夫的《沉淪》。雖然她覺得這所寫的並非現實的生活，並且，郁達夫的作品，讓她覺得，有些怕看，有些難為情。[2]

王映霞初見到的郁達夫，「身材並不高大，」「乍看有一些瀟灑的風度」。郁達夫穿著一件

「灰色布面的羊皮袍子」。

及至一九二六年，王映霞去溫州邊教書，邊學習日文。但到了這年的年終，革命風潮影響到了溫州。王映霞與其祖父朋友之子孫百剛一起到了上海。

在此處，王映霞認識了郁達夫。一場亂世鴛侶的故事就此上演。

而這天，根據郁達夫的日記，身穿北京女人「雪地裏去前門寄來的皮袍子」的郁達夫，去法租界尚賢里的一位同鄉孫君，也就是王映霞所說的孫百剛家裏去，「在那裏遇見了杭州的王映霞女士，我的心又被她攪亂了，此事當竭力的進行，求得和她做一個永久的朋友」。

這天，郁達夫請客，痛飲一場。在日記中，郁達夫如此描述這當天的感情，「啊啊，可愛的映霞，我在這裏想她，不知她可能也在那裏憶我？」「南風大，月明風暖，我真想煞了霞君」。

豈不知，在郁達夫見到王映霞的第二天，他還收到了孫荃自北京的來信，「囑我謹慎為人」，連郁達夫也自己在日記裏寫下，「殊不知我又在為王女士顛倒」的語句，並為王映霞為其斟酒斟茶之事而興奮不已。

不僅如此，郁達夫的新的創作動力竟來自於王映霞，「我若能得到王女士的愛，那麼恐怕此後的創作力更要強些」。「寫小說，快寫小說，寫好一篇來換錢去，換了錢為王女士買一點生辰的禮物」[3]。

初見郁達夫，於王映霞而言，與其「說是我對他有好感，不如說是好奇，說愛慕不如說是敬佩，就好比一個讀者見到了自己愛讀的那本書的作者一樣。」王映霞也知道自己不醜，但卻自知不是天下第一美人，「未曾想到卻會打動了已經成家立業的他的心」。[4]

於是，從此後，便如同王映霞所寫的那樣，「從這一天開始，這一位朋友竟接二連三的跑來了許多次，來的次數一多，自然相熟的也快」。郁達夫不僅邀請大家吃飯，還請大家看電影，甚至是聽戲。雖然王映霞並不喜歡京戲，但出於禮貌，還是勉強參加。

但郁達夫不是如此，他念著王映霞的一顰一笑，似乎王映霞也對他有意。「又想到了王女士臨去的那幾眼回盼，心裏只覺得如麻的紊亂，似火的中燒，啊啊，這一回的戀愛，又從此告終了，可憐我孤冷的半生，可憐我不得志的一世。」在郁達夫這裏似乎一切都是初戀。

郁達夫日日請王映霞他們吃酒，只到一月二十日的日記裏便有了「錢又完了」的字樣。哪怕王映霞細微的反應便會讓他覺得「老天爺呀老天爺，我情願犧牲一切。但我不願就此而失掉我的王女士，失掉了我這可愛的王女士。努力努力，奮鬥奮鬥！我還是有希望的呀！」[5]

郁達夫甚至到了借錢度日的地步，二天之後，日記裏有了如此的記載，「冒冷風出去，十一點前後，去高昌廟向胡春藻借了一筆款。這幾日來，為她而花的錢，實在不少，今日口袋裏一個錢也沒有，真覺得窮極了」。

王映霞想到的自然是早點離開，她在自傳中，自稱這是上次開過的「玩笑」，她依舊在考慮著何時歸家。還有，就是只要她離開了上海，所有的事情也就自然而然的結束了，便不會再有新的枝節發生，為此，王映霞甚至另擇友人家中而居，以盡可能少的接觸到郁達夫。

王映霞的想法是，人一走，郁達夫也會就此消停。

但郁達夫這邊卻不是如此，王映霞返回杭州的消息傳來，郁達夫為了與王映霞能夠多待兩個小時，買車票上車，沒有找到王映霞，然後從龍華下車，看到從南站開來的車上也沒有王映霞，補票到了松江，看到去杭州的車開來，竟然買票去了杭州。第二天，跑到王映霞以前就讀的學校裏去打聽其住址，結果沒有找到，在日記裏，郁達夫稱，「那學校的事務員，真昏到不能言喻……」

沒有王映霞的消息，郁達夫鬱悶的去跟朋友喝酒，醉酒後「就上馬路上去打野雞」[6]，甚至第二天去吸鴉片。[7]到了一月三十日，郁達夫收到了王映霞的來信，信中王映霞告訴他是在何時離開的上海，這讓郁達夫很是懊悔沒有去北車站等候。

郁達夫寫給王映霞的信件，並不能及時得到回復，在久盼卻無音信之時，他也曾想，「薄情的王女士，尤其使我氣悶。她真是一個無情者，我真錯愛她了。」[8]

其實，此時的郁達夫也在想念著北方的兒女，並且臨近新年，一個人也有了孤苦無依之感。元旦這天，外面的聲聲爆竹，讓他不禁感慨，「這一種漂泊生活，不曉得要哪一年才告結束」。一個人的時候，想到自己半月間單戀的結果，也會黯然淚下。甚至有些時候，他還會「想來想去，終覺得我這一回的愛情是不純潔的，被映霞一逼，我的拋離妻子，拋離社會的心思，倒也動搖起來了。」[9]他甚至在日記裏寫，「我時時刻刻忘不了映霞，也時時刻刻忘不了北京的兒女。一想起荃君的那種孤獨懷遠的悲哀，我就要流眼淚，但映霞的豐肥的體質和澄美的瞳神，又一步也不離的在追迫我。」[10]

但動搖歸動搖，郁達夫畢竟放不下，王映霞也斷斷續續的給郁達夫回信。但這些信往往是寫給郁達夫，告訴他只能做一般的朋友，不能有過多的奢望的。[11]

更何況，作為一個有家室的人，郁達夫本身的追求就受到了朋友們的反對。而王映霞經不住糾纏，也在一九二七年的四月三日，自上海回杭州後，向其母親訴說了事情的經過。「母親聽後竭力反對，怪我不該那麼隨便地和一個已有家室的男人密切來往，我們家不管怎樣，在杭州也算是體面的人家，況且他又沒有固定的經濟來源，還說我將來肯定要吃苦的。」[12]

但郁達夫稱，「我的北京的女人，要她不加你我的干涉，承認我們的結婚，是一定可以辦到的，所怕的就是你母親要我正式的離婚，那就事實上有點麻煩，要多費一番手續。」[13]

這些回信往往又重新勾起郁達夫的「相思」。二月九日，他總算收到了王映霞的回信，但王映霞並不同意他去杭州的動機。此時的郁達夫也曾想斷了此份感情。

接下來的兩天裏，郁達夫連著寫了三封信給王映霞，「訴說了一遍我的失望和悲哀，也和她長別了，並告訴她想去巴黎，葬送我這斷腸的身世」，「大約我和她的關係將從此中斷了」。

如此云云，但依舊是牽腸掛肚的「咒死了命運之神，使我們兩人終於會在這短短的生涯裏遇到了」，「我多麼希望她明天再有信來」……如此種種，李後主所謂「剪不斷理還亂」的離愁別恨，放在郁達夫身上倒是合適。

而在郁達夫看來，王映霞此時雖有來信，只是「王女士的這樣的吞吞吐吐，實在使人家一點兒也摸不著頭腦，你說叫人要不要氣死呢？」[14]堅持，總是有結果的。二月二十八日，兩人就去江南大旅社密談。自午後兩點多開始，一直到五點多，三個多小時，然後去喝酒。雖然郁達夫只是「親親熱熱的握了一下手」，郁達夫甚至後悔，在旅館的時候為何不再勇敢些，「否則我和她的First kiss已經可以封上她的嘴了」。

接下來，似乎順理成章。一切都來自於郁達夫的日記。

三月五日，「我懷抱著她，看了半天上海的夜景……她已誓說愛我，之死靡他，我也把我愛她的全意，向她表白了。」

三月七日，「我和她抱著談心，親了許多的嘴，今天是她應允我Kiss的第一日。」期間，郁達夫去杭州，覺得不可名狀的愉快，因為王映霞的母親似乎不是他們戀愛的阻礙者。

到了，三月二十六日，日記裏已經是，「我一邊抱擁著映霞，在享受完美的戀愛的甜味，一邊卻在想北京的女人，呻吟於產褥上的光景。啊啊，人生的悲劇，恐怕將由我一人獨演了。」

根據王映霞的記載，郁達夫生病，去杭州治病，促成了兩人的接近。「由於接近，瞭解得較先時深，同情也就更甚。於是我在祖父的寬容，媽媽的勉強同意下，將我和郁達夫的婚約關係正式公開在親友的面前了。」[15]

六月五日，郁達夫和王映霞在杭州聚豐園餐廳正式宴客訂婚。第二年二月，兩人在上海正式完婚，一月後遷入上海赫德路嘉禾里居住。

而孫荃，她作為郁達夫的髮妻，這個打擊自然不可想像。雖然，他們也曾經「別有傷心深意在，離人芳草最相思」，也曾經「不是阿儂拋不了，郎太多情」。

但畢竟，「郎太多情」，終於孫荃退居幕後，斷葷茹素。五十年後，一九七八年孫荃去世。

（二）

十年之後，情人難免淪為朋友。縱是神仙眷侶，郁達夫與王映霞，亦復如是。

十年間，王映霞持家有方，買傢俱，學習做飯燒菜，漿洗，持家還債，催稿酬，生活拮据的時候，甚至將母親陪嫁的金飾當掉，與媽媽合用一個梳子。

郁達夫與王映霞的結合，被柳亞子稱之為富春江上神仙侶，但紛爭還是來了。一九三九年三月五日，郁達夫在香港《大風》旬刊公開發表《毀家詩紀》，其中有「敢將眷屬比神仙，大難來時倍可憐」之句。

這組詩的發表，算是郁達夫一方披露了其情變的前後。郁達夫曾謂，「文學作品，都是作家的自敘傳」，那麼，關於其自身心緒、情感，也自然可以從作品中看到一些端倪。這位寫舊詩的才子，多情的末代格律之王，也多如是。以下記錄，皆本其《毀家詩紀》。

而對於王映霞這邊，王映霞也有一些記錄兩人交往的文章留世。筆者案頭有兩個版本的《王映霞自傳》，一個是安徽文藝出版社的版本，出版於一九九一年五月，印數三千六百冊。宋體「郁達夫前妻的自傳」副標題，與主標題幾乎是一樣的字型大小。

這個版本的書，其內容簡介中有這樣的字句，「近年來，海內外出現一股研究郁達夫的熱潮，他倆的浪漫軼事也再度出現在讀者面前，但不可避免的有些是以訛傳訛，有些是純粹『創作』。為了廓清史實，為海內外讀者與研究者提供第一手資料……映霞老人以生動細膩的女性文筆，真實地記寫了她與郁達夫共同生活的經歷……」

書前另附有王映霞自己所作的〈前言〉，其間也稱自己寫作這本書的原因是隨著郁達夫研究的熱潮，很多關於王映霞以及郁達夫的書面世，但難免不準確，為了以正視聽，所以自己要呈現一個完整的、立體的王映霞的形象。其實，這跟出版前言的意思是一致的，也就是給讀者一個比較真實完整的王映霞，也有以正視聽的意味。

而江蘇文藝出版社的《王映霞自傳》則捨棄了「郁達夫前妻的自傳」這樣的副標題，出版於一九九六年十二月。出版前言等也都不再存在。

兩個版本的大致內容是相同的，所以，在本文的寫作中，將本著江蘇文藝的版本來敘述王映霞自身對於這場情感的經歷。

（三）

一九三八年七月五日，郁達夫在漢口《大公報》第四版刊登《啟事》，全文如下：

> 王映霞女士鑒：
>
> 亂世男女離合，本屬尋常，汝與某君之關係，及搬去之細軟衣飾、現銀、款項、契據等，都不成問題，唯汝母及小孩等想念甚般，乞告一地址。

事情還得從前說起。

郁達夫到杭州，被浙江黨政要人奉為上賓，郁達夫在此耗資一萬七千元建造風雨茅廬。雖名為風雨茅廬，但非杜少陵秋風所破之茅廬，藏書幾千冊，連鐵門及花木都是杭州市長所贈，所以，叫風雨別墅也不為過。只是兩月後，郁達夫就遠行福建。

此後，於郁達夫來說，確實國難家仇。日軍進犯，王映霞避居富陽、麗水，而其母親在日軍入侵富陽之際，饑寒而死。風雨茅廬在日軍進犯後，也遭遇兵火，成了日軍養馬之地，數萬藏書盡毀。

而婚姻卻在此時出現了危機。

一九三六年初，神州已經起了烽火。應福建省主席陳儀之邀南下，郁達夫到福建後被任命為省政府參議，月薪三百元。

郁達夫在福建，常常想念杭州，他剛剛在杭州建成風雨茅廬兩月左右。

而此次南行，在郁達夫看來，本來是為了「飽採南天景物，重做些記遊述志的長文」，又有誰能知道這竟然成了「毀家之始」。國難開始，家難也開始。

而其結廬杭州之後，家中友人往來頻繁，郁達夫也不避男女，浙江省教育廳廳長許紹棣亦是其中之一。西安事變起，郁達夫致電王映霞去福建，住到了一九三七年五月，王映霞北歸，回到杭州後，就有風言風語傳到了郁達夫的耳中。

郁達夫自述，「到閩後，欲令映霞避居富陽，於富春江南岸親戚家賃得一屋。然不滿兩月，映霞即告以生活太苦，便隨許君上金華，麗水去同居了。其間曲折我實不知。只時聞自浙江來人言，謂許廳長新借得一夫人，倒很快樂，我亦只好一笑付之。我亦深知許廳長為我的好友，又為浙省教育界領袖，料他乘人這危，占人之妻等事，決不會做。況且，日寇在各地之姦淫擄掠，日日見諸報上，斷定在我們自己的抗戰陣營裏，當然不會發生這種事情。但是人之情感終非理智所能制服，利令智昏，欲自然亦能掩智。所以，我於接到映霞和許君同居信後，雖屢次電促伊來閩，伊終不應。」

在福州，郁達夫在在福州天王廟裏求得此簽。「寒風陣陣雨瀟瀟，千里行人去路遙。不是有家歸未得，鳴鳩已占鳳凰巢」的求籤。

詩後，達夫自謂，「一九三八年一月初，果然大雨連朝，我自福州而延平，而龍泉，麗水。到了寓居的頭一夜，映霞就拒絕我同房，因許君這幾天不去辦公，仍在麗水留宿的緣故。第二天，許君去金華開會，我亦去方岩，會見了許多友人。入晚回來，映霞仍拒絕和我同宿，謂月事方來，分宿為佳，我亦含糊應之。但到了第三天，許君自金華回來，將於下午六時去碧湖，映霞突附車同去，與許君在碧湖過了一晚。次日午後，始返麗水。我這才想到人言之嘖嘖，想到了我自己的糊塗，於是就請她自決，或隨我去武漢，或跟許君永久同居下去。在這中間，映霞似亦曾與許君交涉了很久，許君似不肯正式行結婚手續，所以過了兩天，映霞終於揮淚別了許君，和我一同上了武漢」。

對於許紹棣是其兩人分手的導火線，王映霞倒也承認，她自敘，「我和郁的爭吵、出走、最後利益，凡事種種似乎均歸之於由於我和許紹棣相識為導火線。」但是，「至於外面流傳什麼『麗水同居』之事，純屬造謠。」[17]

關於這次吵架，王映霞的敘述是這樣的。當年，郁達夫從台兒莊勞軍歸來，王映霞根據經驗得知，郁達夫又要發脾氣，不僅要發脾氣，脾氣發完後，還要出走。戰事頻仍，郁達夫一走，一個家庭就沒有人能挑得起這份重擔，於是王映霞先開口，「你又打算走麼？要走，可以的，你須把三個兒子也帶了走。否則，就讓我走。」未曾想，王映霞得到了幾個很堅定的字，「你走就你走」。[18]

王映霞一氣之下，離家出走，並最終選擇去了曹炳哲家，王映霞在自傳中稱，其出走以及出走到何處是經過一番思考的。並且，按照王映霞的說法，「曹律師把我的住處暗暗地去告訴了郁達夫」。如果據此分析，郁達夫應該不會做出什麼舉動的。

郁達夫叫了許多自己的同事，去家裏看「情書」，並給蔣介石和陳立夫寫信告狀，讓他們管管許紹棣。[19]

接下來就是郁達夫在《大公報》上刊登的啟事了。男女情事，本是坊間熱議的對象，更何況又是名流，桃色新聞，一時間，滿城風雨。為何有了位址，還照樣發出這則啟事呢？後來，郁達夫寫〈國與家〉，提到，「而當這廣告文送出之後，就在當天晚上，便有友人送信了，說是她仍在武昌」。這種解釋是說的通的，報紙廣告到了郁達夫想要撤下的時候，早已印刷。但是，這篇文章中還說，「就在《大公報》上登了兩天尋人的廣告」。不知何意。

在杭州市市長周象賢以及浙江《東南日報》主筆胡建中等友人的調停下，雙方都做了讓步，七月九日，簽訂〈協議書〉，「達夫、映霞因過去各有錯誤，因而時時發生衝突，致家庭生活，苦如地獄，旁人得乘虛生事，幾至離異。現經友人之調解與指示，兩人各自之反省與覺悟，擬將從前夫婦問之障礙與原因，一律掃盡，今後絕對不提。兩人各守本分，各盡夫與妻之至善，以期恢復初結合時之圓滿生活。」

第二日，七月十日，郁達夫又在《大公報》登出一則〈道歉啟事〉。啟事稱，「達夫前以神經失常，語言不合，致逼走妻王映霞女士，並在登報尋找啟事中，誣指與某君關係及攜去細軟等事。事後尋思，複經朋友解說，始知全出於誤會。茲特登報聲明，並深致歉意。」

王映霞自傳中引用了曹聚仁先生的一句話，「一個詩人，他住在歷史上，他是個仙人，若住在你的樓上，他便是個瘋子。」並且，曹聚仁還在一篇名為〈也談郁達夫〉的文章中說，「達夫有點精神虐待狂」。這得到了王映霞的認同。

感情，看似複合了。但事實上，遠遠沒有。

一九三八年底，郁達夫回福建。但是，他依舊經常給麗水打電報，「詢問我是否已經到了麗水，去和許紹棣同居了等等」[20]。

（四）

關於此次紛爭。還有其他的說法。

據央視所播紀錄片《那場風花雪月的往事——風雨茅盧：郁達夫／王映霞》，此時的王映霞實際上已經墮胎一次。

一九三八年春天，王映霞瞞著郁達夫，請詩人汪靜之假扮自己的丈夫前往醫院墮胎。詩人汪靜之有遺作〈王映霞的一個秘密〉，文中稱，汪靜之發現王映霞墮胎非為郁達夫後並沒有敢告知郁達夫真相，懾於戴笠之淫威以及出於對郁達夫保護的目的，將真相隱瞞了下來。

「我當時考慮要不要告訴達夫：照道理不應隱瞞，應把真相告訴朋友，但又怕達夫一氣之下，聲張出去。戴笠是國民黨的特務頭子，人稱殺人魔王。如果達夫聲張出去，戴笠決不饒他的命。太危險了！這樣考慮之後，我就決定不告訴達夫，也不告訴別人。後來達夫從前線慰問團回武昌了，我見他的時候，一句不洩露。不久，我要到廣州去了，去向達夫告別。一進去看見達夫和映霞正在爭吵。達夫一見我，就指著映霞，一邊哭一邊向我說：『這個不要臉的女人，她居然和人家睡覺！』我一聽，心裏就很著急，怕達夫聲張出去，殺人魔王馬上會置他於死地。為了免得他闖禍，我就幫映霞掩飾。我說：『不會的，你不要信謠言。』達夫馬上說：『哪裡是謠言！她的姘頭許紹棣的親筆信在我手裏！』我聽了馬上就放心了」。

汪靜之在九十年代寫了此文，並稱「我的妻子已去世，妻子的三位同學也已去世，如果那三位同學沒有告訴別人，恐怕就僅存我一人知此秘密了。為了不願我的老朋友、『五四』文壇的一位傑出作家郁達夫所遭受的莫大的恥辱悲慘的命運，永遠沉冤不白，今天我下決心，一氣寫完這個秘密。」

若汪靜之所言屬實，那麼，郁達夫後來在王映霞別去衣衫上所書「下堂妾王氏改嫁前之遺留品」，並將此債記在了許紹棣的身上，倒是冤枉了許紹棣。

但郁達夫發現了許紹棣之情書，並引發了其夫妻紛爭的加劇。而王映霞的說法是，這些情書只是「給許紹棣介紹孫多慈的幾封來往信件」。[21]

只是，汪靜之的此種說法，是否可以作為信史，也無從考證了。只是，汪靜之臨死才說出此秘密，是讓人頗費思量的。

王映霞之自傳中，自然是沒有提及此事的。

（五）

一九三八年，郁達夫任新加坡《星洲日報》副刊主編，王映霞和兒子一起前往。

對於此次南行，王映霞稱，去新加坡是郁達夫早就安排好的，並且已經在其不知情的情況下為其母子申領了護照。「我無言以答，在這男子為中心的社會，我只得遵命。」[22]

王映霞回憶，到了新加坡，本來她受邀主持《星洲日報》的婦女專欄。但是，郁達夫並不同意，還稱，如果嫌在家裏太空，可以在家裏數米。[23]

但是，郁達夫卻在香港《大風》創刊一周年特大號上發表了《毀家詩紀》，一十九首。

詩末，做詞，喚作〈賀新郎〉。

並寫小序，稱「到閩後即接映霞來書，謂終不能忘情獨處，勢將處於我不在中，去浙一行。我也已經決定了隻身去國之計，她的一切，只能由她自決，顧不得許多了。但在臨行之前，她又從浙江趕到了福州，說將痛改前非，隨我南渡，我當然是不念舊惡的人，所以也只高唱一闋〈賀新郎〉詞，投荒到這炎海中來了。」

詞末，郁達夫做注，「許君究竟是我的朋友，他姦淫了我的妻子，自然比敵寇來姦淫要強得多。並且大難當前，這些個人小事，亦只能暫時擱起，要緊的，還是在為我們的民族復仇！」

這組詩，郁達夫不要稿費，只求發表。而《大風》卻寄往了國民黨要人之手。

一九三九年三月五日，《大風》周年特大號寄到王映霞的手中。讓她覺得，「不能相信自己的目力。如果撇開了事實而來看這十幾首詩的話，實在是寫得清新流麗，哀婉動人，是近代以來，中國詩壇上難得的傑作。」[24]

而郭沫若在對這些詩詞進行評價時，也用了類似的話，「達夫把他們的糾紛做了一些詩詞，發表在香港的某雜誌上。那些詩詞有好些可以稱為絕唱，但我們設身處地替王映霞著想，那實在是令人難堪的事。自我暴露，在達夫彷彿是成為一種病態。說不定還要發揮他文學的想像力，構造出一些莫須有的家醜。」

這期間用了「自我暴露」、「病態」、「想像力」、「莫須有」一類的詞語。

看到這組詩後，婚姻終於散了。

對此的答覆，王映霞寫了兩封信，分別是〈一封長信的開始〉以及〈請看事實〉。寫好之後，也寄給了雜誌的編輯，要求發表。

其中有這樣的話，「一個未成年的少女，是怎樣的被一個已婚的浪漫男人用誘和逼的雙重手段，來達到他的目的？」「獸心易變，在婚後的第三年，當我身懷著第三個孩子，已經九足月的時候，這位自私、自大的男人，竟會在深夜中竊取了我那僅有的銀行中五百元的存摺，偷跑到他已經分居了多年的他的女人身邊，去同住了多日。」[25]

對於郁達夫所稱，王映霞表示「痛改前非」、「隨我南渡」一類的話，王映霞乾脆說，「誰曾放過這樣的屁？天下是有那麼善良的丈夫麼？」

一九四〇年三月，雙方離婚。不過，按照王映霞的說法，「郁達夫沒有把進新加坡的護照交給我，使我無法申請回國護照。因為，按照新加坡的規定，若沒有進新加坡的護照是不能領取出國的護照的」[26]。

護照被郁達夫鎖在了辦公室的保險箱裏，沒有護照，王映霞自然不能離開，一直到這年五月，王映霞才得到她的護照，然後得以回國。

開船之前，《星洲日報》的總經理胡昌耀派人送去二千元錢，以作川資。臨走，王映霞給郁達夫做了幾套新的衣褲。帶走了幾件自己的替換衣服。

一段姻緣到此結束，兩人離婚。時年，郁達夫四十五歲，王映霞三十三歲。

隨後，郁達夫和王映霞分別在新加坡、香港和重慶三地刊出離婚啟事，這對神仙眷侶，從此勞燕分飛。

郁達夫後來似有悔意。寫詩，「愁聽燈前兒輩語，阿娘真個幾時歸」。

但阿娘是再也不歸了。

一九四二年四月，王映霞在重慶再披嫁衣，她與國民政府外交大員王正廷的得意門生鍾賢道結婚。

婚禮十分的「場面」，結婚的啟事分別刊登在了重慶的《中央日報》，香港《星島日報》以及浙江的《東南日報》上。

王映霞自己回憶，「儀式是相當隆重而熱鬧的，震驚了整個山城重慶。花籃竟從禮堂一直排列到大門口，來道賀的相識與不相識的來賓，連我自己也數不清多少。一查簽名薄，才曉得有一半是我不相識的。當時重慶的中國電影製片廠，還來拍攝了幾十張相片。」[27]

而郁達夫再也沒能歸來。

一九四二年，十七歲的郁黎民在王映霞刊登結婚啟事的《東南日報》上發表文章，標題是〈尋找爸爸郁達夫〉。

現在讀之，猶覺淒然。「歸來吧！爸爸……富春江上往來的點點白帆，子女們正等著您的歸帆呢！」

郁達夫早年文章，多發表在《東南日報》。年幼的郁黎民想，向《東南日報》投稿，父親看到的幾率應該很大吧？但結果杳無音信。[28]

郁達夫是再也不能歸來了。

日本侵佔東南亞，一九四三年郁達夫在印尼化名趙廉，在巴爺公務（Pajakoem Bceh）和朋友合開趙家記酒廠。九月經朋友介紹，和華僑姑娘何麗有結婚。

何麗有本名陳蓮有，因其貌平庸，郁達夫跟她開玩笑，改名何麗有，意思很明確，即何麗之有。

一直到郁達夫被害，她都不知道郁達夫的真實身份，以為他只是一個酒廠老闆。

郁正民後來說，在郁達夫遇害前幾年裏，父親每年都要寫一次遺囑，以防不測。[29]

王映霞自傳中稱，「我毫不懷疑他至死還愛著我，甚至在內心深處覺得對不起我。」[30]只是，已經無從考證了。

後人所能知道的是，郁達夫神秘失蹤，埋骨異邦。再也沒能踏上故土。

註釋

1 見郁達夫一九二十七年日記。

2 王映霞，我與郁達夫，華嶽文藝出版社一九八八年版，一二頁。

3 據郁達夫一九二十七年一月一六日日記。

4 王映霞，王映霞自傳，江蘇文藝出版社，三三頁。

5 據郁達夫一九二十七年一月二十〇日日記。

6 見郁達夫一九二十七年一月二十五日日記。

7 見郁達夫一九二十七年一月二十五日日記。郁達夫在此期間不止一次的提到吸食鴉片。在二十月八日這天，他也是如此，日記裏寫，「又喝了許多酒，找出了一個老妓，和她去燕子窠吸鴉片煙吸到天亮」。二十月一三日，他在日記裏寫，「本來和周靜豪越好，上他家去睡的，可是因為夜太深，所以不去，走上法租界的花煙間去，吸了三個鐘頭的鴉片煙」。

8 見郁達夫一九二十七年二十月六日日記。

9 見郁達夫一九二十七年二十月二十七日日記。

10 見郁達夫一九二十七年二十月二十七日日記。

11 王映霞，王映霞自傳，江蘇文藝出版社，三八頁。

12 王映霞，王映霞自傳，江蘇文藝出版社，五六頁。

13 王映霞，王映霞自傳，江蘇文藝出版社，五七頁。

14 見郁達夫一九二十七年二十月一二十日日記。

15 王映霞，王映霞自傳，江蘇文藝出版社，六五頁。

16 王映霞，王映霞自傳，江蘇文藝出版社，一七一頁。

17 王映霞，王映霞自傳，江蘇文藝出版社，一七二頁。

18 王映霞，王映霞自傳，江蘇文藝出版社，一七七頁。

19 王映霞，王映霞自傳，江蘇文藝出版社，一七九頁。

20 王映霞，王映霞自傳，江蘇文藝出版社，一八五頁。

21 王映霞，王映霞自傳，江蘇文藝出版社，一七九頁。

22 王映霞，王映霞自傳，江蘇文藝出版社，一八七頁。

23 王映霞，王映霞自傳，江蘇文藝出版社，一九〇頁。

24 王映霞，王映霞自傳，江蘇文藝出版社，一九八頁。

25 王映霞，王映霞自傳，江蘇文藝出版社，二〇〇頁。

26 王映霞，王映霞自傳，江蘇文藝出版社，二二一頁。

27 王映霞，王映霞自傳，江蘇文藝出版社，二二八頁。

28 王國平，遠去的父親郁達夫，光明日報，二〇〇七年二月二十八日，第十二版。

29 郁正民：還我父親郁達夫，東方網。

30 王映霞，王映霞自傳，江蘇文藝出版社，三二〇頁。

對照記

——張愛玲與胡蘭成的戰時歲月

張愛玲與胡蘭成在抗戰期間的交集是很少的。

彼時，張愛玲的主要時光在讀書和寫作，她僅是一個剛剛成長，卻又才華出眾的大學學生，只是時運不濟，遭遇國難。張愛玲想往外走，不過是逃離家庭，到英國去，但她最後去了香港，太平洋戰起，還是回到上海。

而胡蘭成則是「舊式才子」[1]，胡蘭成也朝外走，走出故土，因了才情，天下動了刀兵，他攤上政治的事，「亦像桃花運的糊塗」。他從鄉間入滬，後又去香港，但最後還是回到了上海。這兩人的軌跡，竟然如此的合拍。

戰初的一九三七年，張愛玲僅十七歲，到戰爭結束的前兩年，她初識胡蘭成，也不過二十三歲。此時，胡蘭成是汪精衛政府的經濟委員會特派委員。婚後胡蘭成很快到了湖北，創辦《大楚報》，一年之後胡蘭成開始了逃亡的路途，一對璧人就此離散。

因為戰事，張愛玲的太多經歷被改寫，甚至不得不偏離了原來的軌道。胡蘭成又何嘗不是？二人就如同一條相交的線，原本彼此走著，因了時間，也因了機緣，在某一刻相交，然後離開，一對臨花照水人，給世人留下歎息。

張愛玲在《對照記》中是沒有胡蘭成半點影子的，這裏僅是借了張愛玲的題目，對照了兩人的歲月。

（一）

一九三七年，抗戰爆發。時局已經風雨飄搖。

於胡蘭成與張愛玲而言，他們兩人在這一年裏，一人出獄，而另一人則離家。雖然，他們相遇還要在多年之後，但卻都聚合在了上海。

這年年初，剛而立之年的胡蘭成在獄中給白崇禧寫信，此時他因為在報紙上鼓吹抗日而遭受著牢獄之災。一九三六年，胡蘭成受第七軍軍長廖磊的聘請兼辦《柳州日報》，他不僅在報紙上鼓吹抗日，更鼓吹抗日要與民間奇兵開創新朝的氣運結合。由此，他遭遇了人生的第一次牢獄之災。

因為給白崇禧寫信，他總算得到了釋放，白崇禧還讓人送給了他伍佰元路費。於是，胡蘭成開始攜一家北返。

胡蘭成一路北返，走湖南，轉道漢口到南京而上海，最後回到了胡村。此時的胡蘭成已經父母雙亡，加之又在出獄的前一天夜裏夢見母親，他心情沮喪，斷無閒心發幽古之情，他在《路入南中》一文中如此描述，北歸之時「好像小時去杭州讀書歸來，船車上單是謹慎謙虛。而雖是現在，我亦身上一無所有。」

胡蘭成後來曾說，「今我飄零已半生，但對小時的事亦只思無戀，等將來時勢太平了我亦不想回鄉下去住，惟清明回去上墳是理當。」而今，他算是歸來，去給父母與玉鳳上墳，「只覺得自己仍是昔年的蕊生，有發現自性本來的淒涼與歡喜。」

胡蘭成返鄉，途經上海時，拜見廣西一中的同事、現在《中華日報》任職的古泳今。當日在廣西，也是古泳今待胡蘭成最好。

回家鄉後，胡蘭成寫了兩篇文章，一篇論中國手工業，另一篇分析該年關稅數字，刊《中華日報》並被日本《大陸新報》譯載。四月，胡蘭成被《中華日報》聘為主筆，去上海。

而據劉川鄂的《張愛玲傳》載，此時，張愛玲所在的學校也已不在滬西上課，改為大陸商場。但是，第二年夏天才「借貝當路美國禮拜堂舉行畢業典禮，愛玲也參加了」。

如果按此，張愛玲應該是一九三八年才畢業。但大多數的文章都認為在一九三七年的夏天，張愛玲就已經中學畢業。這也可能是計算標準不一致的原因。

張愛玲的弟弟在回憶錄中也是如此寫的，「一九三七年夏天，姐姐從聖瑪利亞女校畢業。她向父親提出要到英國留學的要求，但被拒絕了。父親那時經濟狀況還沒有轉壞，但他和後母吸鴉片的日常開支太多，捨不得拿出一大筆錢來讓姐姐出國。姐姐當然很失望，也很不高興，對我父親及後母的態度就比較冷淡了。」[2]

此時，張愛玲的母親與其美國男友返回了上海。本來這已經是很好的事情，自己中學畢業，母親又歸來。但是，在張愛玲出國讀書的問題上發生了爭執。當然，也有女人的爭風吃醋，比如她的後母就因為這件事當場大罵，說：「你母親離了婚還要干涉你們家的事。既然放不下這裏，為什麼不回來？可惜遲了一步，回來只好做姨太太！」

於是，在這年發生在張愛玲身上的另一件大事在於逃出張家。

關於這段時間的經歷以及逃離的原因，一九四四年的七月，張愛玲自己有文章喚作〈私語〉，說的很是清楚，想來是不必贅言的。

滬戰發生，我的事暫且擱下了。因為我們家鄰近蘇州河，夜間聽見炮聲不能入睡，所以到我母親處住了兩個禮拜。

回來那天，我後母問我：「怎麼你走了也不在我跟前說一聲？」我說我向父親說過了。她說：「噢，對父親說了！你眼睛裏哪兒還有我呢？」她刷地打了我一個嘴巴，我本能地要還手，被兩個老媽子趕過來拉住了。我後母一路銳叫著奔上樓去：「她打我！她打我！」

在這一剎那間，一切都變得非常明晰，下著百葉窗的暗沉沉的餐室，飯已經開上桌子，沒有金魚的金魚缸，白瓷缸上細細描出橙紅的魚藻。我父親趿著拖鞋，啪達啪達衝下樓來，揪住我，拳足交加，吼道：「你還打人！你打人我就打你！今天非打死你不可！」我覺得我的頭偏到這一邊，又偏到那一邊，無數次，耳朵也震聾了。我坐在地下，躺在地下了，他還揪住我的頭髮一陣踢，終於被人拉開。我心裏一直很清楚，記起我母親的話：「萬一他打你，不要還手，不然，說出去總是你的錯」，所以也沒有想抵抗。

張愛玲沒有抵抗，但是她的臉上已經滿是紅色的手印。她想到巡捕房報案，但是房門已經被父親鎖死。

一般女孩子在家裏受了委屈是會跟父母撒潑的，此種情形之下，作為家長的都會敗下陣來。但張愛玲的撒潑沒有收到如此的效果，她對著門一陣亂踢，換來的是父親飛來的一只大花瓶，好在她頭稍微歪了一歪，飛了一房的碎瓷。不僅如此，父親甚至宣稱要用手槍打死她。

禍不單行，她在籌畫逃走的時候，生了沉重的痢疾，差一點死了。張廷重一開始沒有替她請醫生，也沒有藥。這個時候，張愛玲的心是灰暗的，「病了半年，躺在床上看著秋冬的淡青的天，對面的門樓上挑起灰石的鹿角，底下累累兩排小石菩薩——也不知道現在是哪一朝，哪一代……朦朧地生在這所房子裏，也朦朧地死在這裏麼？死了就在園子裏埋了。」

在〈私語〉中，張愛玲不知道出於何種原因，漏寫了一段，就是其父親幫她打針治病。張子靜在《我的姐姐張愛玲》中是這樣記述的，「原來何干見我姐姐的病一日日嚴重，惟恐我姐姐發生什麼意外，她要負連帶責任。她躲過我後母的注意，偷偷地告訴我父親，並明確表明我父親如果不採取挽救措施，出了事她不負任何責任。何干是我祖母留下的老女僕，說話比較有分量。我父親也考慮到，如果仍撒手不管，萬一出了事，他就要背上『惡父』害死女兒的壞名聲，傳揚出去，他也沒面子。」

「於是父親選擇了消炎的抗生素針劑，趁後母不注意的時候到樓下去為我姐姐注射。這樣注射了幾次後，姐姐的病情控制住了。加上老保姆何干的細心照料和飲食調養，姐姐終於恢復了健康。」

如此，張愛玲算是有了一條性命，才有了以後發生的諸多故事。

但她所希望和努力的還是出走張家，終於趁著兩個巡警換班的時機，她離家而逃。等她真的站在大街上的時候，雖然四處依舊是新年要來臨時候的陰冷，但她還是覺得這個世界真是太可親了，甚至走在街上的時候，「每一腳踏在地上都是一個響亮的吻」。

如此，在一九三八年，舊曆年的前一天，張愛玲逃出張宅，從此與父親家告別。也是在這一年開始，張愛玲開始了她的公寓生活，與母親和姑姑住在一起。

張愛玲要過一種新的生活了，她在位於開納路的開納公寓和母親及姑姑共同生活。後來，又搬到了愛丁頓公寓五樓五十一室。

張愛玲那段時間每天帶一碗菜到對街舅舅家去吃飯，不知道胡蘭成那個時候會不會見到一個僅有十八歲的姑娘每天穿街而過。

不過，此時的胡蘭成也是心情落寞。淞滬會戰，炮火之中的張愛玲因為去與母親住了一段時間而與父親決裂。而胡蘭成則在這個時候，深陷困頓，他在報社的安排下，避難法租界，一家三口住在一個亭子間裏，報社只能給他每月四十元的生活費，僅房租就要十二元。當然，這錢也算是不少，同樣的時刻，在南京，張恨水辦《南京人報》，總編輯月薪也不過是四十元。[3]

胡蘭成的艱難之處在於，此時他剛生了孩子，未出滿月便生了肺炎，堂堂一張報紙的主筆去找上司林柏生借錢，也只借到了十五元。最後，孩子還是夭折，胡蘭成心如刀絞。

陶方宣寫《大團圓》，寫至這一段，「胡蘭成始終不說話，也不哭，他牽著廣來、攙扶著金紫雲，跟著那輛運屍車，走過一條又一條空無人煙的黑漆漆的街道。」

在神情落寞之下，一個鄉下來的、落魄的文人，怎麼會在一個偌大的城市裏注意到一個年幼的姑娘呢。回頭想想，這人海茫茫的確是值得歎息的事情。

當然，張愛玲的情況也不好過，但還是比胡蘭成好一些，張愛玲畢竟是世家。

張子靜在《我的姐姐張愛玲》中記載，「姐姐從來沒做過家事，沒搭過公交車，離開我父親的家後，這些都需從頭學起。母親和姑姑教她怎樣過不再有人服侍的生活：包括洗衣服，做飯，買菜，搭公交車，省錢……」

當然，她早就有夢想，「在前進的一方面我有海闊天空的計畫，中學畢業後到英國去讀大學，有一個時期我想學畫卡通影片，儘量把中國畫的作風介紹到美國去。我要比林語堂還出風頭，我要穿最別致的衣服，周遊世界，在上海自己有房子，過一種乾脆俐落的生活。」從《流言》的寫作來看，她的這種計畫應該是此前就有了，而不是在逃離父親家之後。

她還是打算出國，考倫敦的大學。要實現他的英國夢，母親為她請了一個猶太裔的英國人，以每小時五美元的價格為她補習數學。張愛玲參加了那年倫敦大學遠東區的入學考試，得了第一名。[4]

但她最終沒能去成英國，只好去了香港。原因只有一個，因為戰事。

這年，張愛玲回到了母親的身邊，但她的弟弟就沒有如此幸運，「我逃到母親家，那年夏天我弟弟也跟著來了，帶了一雙報紙包著的籃球鞋，說他不回去了。我母親解釋給他聽她的經濟力量只能負擔一個人的教養費，因此無法收留他。他哭了，我在旁邊也哭了。後來他到底回去了，帶著那雙籃球鞋。」[5]

尋母而不得，這是怎樣的殘酷。

（二）

一九三八年初，胡蘭成被派往香港，擔任《南華日報》的總主筆，但每月只有六十元港幣，他還在國民政府研究國際局勢的機關蔚藍書店任事。胡蘭成在這裏依舊無登山望海之心，每日裏還是穿著布衣藍衫，下班買菜回家，間或帶著兒子去捉蜻蜓去散步。他這種自己的描述，用今天的眼光看來，近乎廚男。

此時上海戰起，但香港暫時安靜，每到夜裏也是燈火通明，但胡蘭成如同鄉間一般，入夜即睡。

胡蘭成做錯的事情在於汪精衛發動「豔電」，他亦隨聲附和，及至「和平運動初起時，從汪先生夫婦數起連我不過十一人，其後成立政府，也奄有東南半壁江山，擁數十萬之眾，直到覆亡流離驚恐，但是世上其實亦平平淡淡。」[6]他分明是將自己視作這十一人之中了，這抗日戰爭，烽火八年，他竟然寫的「這世上其實亦平平淡淡」是讓人稱奇的。

但他時來運轉的時候來了，來年新春，二月，陳春圃約胡蘭成見面，交了一封汪精衛的親筆信，上面寫的是，「茲派春圃同志代表兆銘向蘭成先生致敬」。這如何了得，更要命的是，胡蘭成才知道此前汪精衛也給他寫過信，但曾經借與他十五元錢的林柏生沒有轉交罷了。等陳春圃知道他六十元的月薪之後，更是吃驚，甚至表示，「這怎麼可以，汪先生是不知道，汪先生知道了一定心裏不安的。」果然，不出幾日，「汪夫人到香港，叫林柏生太太來接我去見她，當即把我的薪水增為三百六十元港幣，另外還有二千元機密費。」

如此一下，胡蘭成的薪水增加到了六倍，是《中華日報》生活費的九倍。想必書生如他，也感激涕零的。

未幾，胡蘭成也離開香港回到上海了。

而在胡蘭成離開香港的一九三九年，張愛玲十九歲。她拿著倫敦大學的成績單依舊懷著紅藍色的英國夢，來香港入讀香港大學的文科。

為了她的這個夢，在香港大學期間，她甚至只用英文寫作，是為了將英文念好。以至於港戰後回國，插班入聖約翰大學，竟然中文不及格。

在這段時間，張愛玲的學習成績是優秀的，一個教了十幾年書的先生十分感歎地對張愛玲說，他從來沒有給過像給張愛玲考卷上這麼高的分數。[7]甚至在香港大學二年級的時候，張愛玲獨自獲得了兩個獎學金，憑藉這個成績她可以免費去牛津讀大學。

當然，張愛玲除了希望通過刻苦學習，取得好成績，以便被保送到英國去留學之外，還可以通過學習得以減輕母親的負擔。在二年級獲得的這個獎學金就很快見到了效果，她的學費、膳食費被全部免除掉，並也可以用獲得的獎學金去為自己買幾件漂亮的衣服，她此時僅是一個不足二十歲的姑娘。

張愛玲去香港的時候，母親和姑姑托工程師李開弟做監護人。這是他們在英國時候認識的朋友（後來成了張愛玲的姑父，不過已是四十年後的事了）。李先生後來離開香港去重慶，改托他一個在港大教書的朋友做監護人。[8]

胡蘭成和張愛玲在香港是擦肩而過，這年八月底，汪精衛偽「國民黨全國代表大會」召開，隨後成立新的中央黨部，胡任《中華日報》總主筆。此時，他已經是汪精衛的「朝中大員」，哪裡再是胡村的那個鄉儒。

如此算來，胡蘭成在香港的日子也不過一年有餘。

一九〇九年蘇曼殊過若松町，有句云，「孤燈引夢記朦朧，風雨鄰庵夜半鐘。我再來時人已去，涉江誰為採芙蓉」。

若是胡張之戀發生在此時或者之前，這後面的兩句倒是很貼切的。

（三）

時間到了一九四一年十二月，港戰爆發。

關於戰時的香港和同學，張愛玲後來寫了〈燼餘錄〉，寫的倒是詳盡：

戰爭剛開始，這些學生們似乎不是恐懼，甚至有些慶幸，因為學校的考試要來了，一來戰爭，考試就無從談起，港大的學生大都樂得歡蹦亂跳，「平白地免考是千載難逢的盛事」。

如果有擔心的話，也是有宿舍的女同學著急，因為沒有合適的衣服穿。戰爭，在她們看來，也應該如同舞會一般，需要合適的裝束。

但他們很快就知道戰爭的殘酷了。港大停止辦公，異鄉的學生被迫離開宿舍，無家可歸，不參加守城工作，就無法解決膳宿問題。張愛玲跟著一大批同學到防空總部去報名，報了名領了證章出來就遇著空襲。

戰時的港大學生們聚集在宿舍的最下層，這是黑漆漆的箱子間，能躲得了子彈，但機關槍如同雨打荷葉一般的聲音還是讓那些大小姐們不敢到窗子的前面去洗菜。他們寧願忍受菜湯裏滿是蠕蠕的蟲。

「同學裏只有炎櫻膽大，冒死上城去看電影——看的是五彩卡通——回宿舍後又獨自在樓上洗澡，流彈打碎了浴室的玻璃窗，她還在盆裏從容地潑水唱歌，舍監聽見歌聲，大大地發怒了。

她的不在乎仿佛是對眾人的恐怖的一種諷嘲。

港大停止辦公了，異鄉的學生被迫離開宿舍，無家可歸，不參加守城工作，就無法解決膳宿問題。我跟著一大批同學到防空總部去報名，報了名領了證章出來就遇著空襲。我們從電車上跳下來向人行道奔去，縮在門洞子裏，心裏也略有點懷疑我們是否盡了防空團員的責任。——究竟防空員的責任是什麼，我還沒來得及弄明白，仗已經打完了。——門洞子裏擠滿了人，有腦油氣味的，棉墩墩的冬天的人。從人頭上看出去，是明淨的淺藍的天。一輛空電車停在街心，電車外面，淡淡的太陽，電車裏面，也是太陽——單只這電車便有一種原始的荒涼。」[9]

戰爭讓人有了結婚的想法，因為不知道以後會身在何處。至於學生們徹底的成了飲食男女，再加一句食色性也。

男生一早就跑到女生宿舍廝混，甚至有時候女生還沒起床就去了。於是張愛玲便聽見，不要不要的「嬌滴滴的拒絕」聲，一直到女生穿衣下床。男女之間的道德感已經是徹底的沒有了。

街上不太平，女生將做工賺的米運出去賣錢，只好將大米捆綁成嬰兒狀的長方形。以至於讓別人以為是「戰爭小孩」。

休戰後，張愛玲與同學們休戰後在「大學堂臨時醫院」做看護。這裏除了病人更多是中流彈的苦力與被捕時受傷的乘火打劫者。這裏的病人都神態各異，也會有各種舉動，有錢的人甚至花錢雇其他的病人服侍他，而也有人會偷醫院的東西。時間長了，甚至有人對自己的傷口也發生了感情，每天長出來的新肉，被他們看做是「創造性的愛」。當然也有病人可能會在半夜死去。

張愛玲在戰爭期間也有自己的事情去做。

由於戰爭期間特殊空氣的感應，我畫了許多圖，由炎櫻著色。自己看了自己的作品歡喜讚歎，似乎太不像話，但是我確實知道那些畫是好的，完全不像我畫的，以後我再也休想畫出那樣的圖來。

甚至有來教日語的俄國老師願意出五元港幣購買他的一張畫。畫的是炎櫻單穿著一件襯裙的肖像。

香港暫時休戰，張愛玲算是有驚無險，但是這年年底新加坡淪陷，黃逸梵的男友死於炮火。

一九三九年，張愛玲讀香港大學的同時黃逸梵與男友也去了新加坡，黃逸梵的男友所做的是皮件生意。他們在新加坡所從事的也與此有關。在那裏搜集來自馬來西亞的鱷魚皮，加工製造手袋、腰帶等皮件出售。

這對黃逸梵是很大的打擊。她在新加坡苦撐，損失慘重；一度行蹤不明，與家人失去聯繫。後來才知她去了印度，做過當時與甘地積極推動印度獨立的尼赫魯（後來曾任印度首任總理）姐姐的秘書。[10]

（四）

一九四一年十二月二十五日，港督楊慕琦與日軍簽訂《停戰協定》，英軍投降，香港淪陷。

一九四二年夏天，張愛玲與炎櫻一起回國。此時，她還差半年就大學畢業。因為黃逸梵遠在新加坡，張愛玲也已經與父親張廷重吵架逃離，所以她只能住在其姑姑張茂淵位於愛丁頓公寓六樓六十五室的家裏。

不僅是張愛玲、黃逸梵，連張茂淵也已經不與張廷重有來往。張茂淵在上海的日子一直過著職業女性的生活。

但是，張愛玲的再次入學卻與張廷重有著關係。

當時，張愛玲回上海，張子靜知道後很是高興，所以不時的去看姐姐，也會談一些家裏的事情，但是張茂淵「只靜靜聽著，表情淡漠，從不表示意見」，但她會給自己的侄子「沏上一壺紅茶；偶爾一兩次拿出一塊五角星形的蛋糕，分切著一起吃」。

在當時，張子靜和張愛玲一樣，都是大學肄業，這是時局給他們的「磨難」。

張子靜最初就讀的是杜月笙任名譽董事長的正始中學，但由於學校後來「因為明顯的轉入汪偽的一方，我父親立刻決定要我輟學」。一年之後，張子靜考入了聖約翰高中，由於英文不好，轉入光華高中，後又退學，也就是說，在高二的時候他就離開了學校。

張子靜在回憶錄中說，「一九四一年夏天，我得到第一位祖母家的親戚朱志豪的協助，考入復旦大學中文系。當時教英文的顧仲彝，教中國文學史的趙景深，以及一位教古代歷史的陳姓教授，都名重一時。我初入這所大學，心裏很昂奮，也想好好的向幾位名教授學習，修完大學課程。哪知開學上課兩個多月，太平洋戰爭爆發，上海全面淪陷。復旦大學停課內遷，不願遷到內地的學生則可以拿到轉學證。我父親當然不贊成我離開上海去內地，我只得拿了轉學證，在家自學復習，準備次年轉考聖約翰大學。」

這裏需要注意的是，復旦大學雖然此時已經內遷重慶北培，但是上海猶有部分學生。一九三七年，滬戰爆發，復旦開始內遷，次年二月，復旦在重慶和上海同時復課，並且當年各自都有五六十名畢業生。

一九四一年十二月八日，太平洋戰爭爆發。日軍進入上海租界，當時在滬的復旦校長李登輝宣佈學校實行「三不主義」，即不向敵偽註冊，不受敵偽津貼，不受敵偽干涉。三不不行，立即停辦。在敵偽環伺的情況下，學校堅持不教日文。

張子靜就讀的應該是留滬的復旦大學。

回到上海的張愛玲打算轉學聖約翰大學，那樣「至少可以拿張畢業文憑」。這與準備報考聖約翰大學的張子靜不謀而合。於是，張茂淵要求張廷重來出這筆學費。

出乎意料的是，張廷重出了這筆學費。這和張愛玲逃離家之前的那次痢疾一樣，作為父親的總是有那麼一絲的惻隱之心，雖然他可能對女兒的出走依舊沒有釋懷。

張愛玲從逃離父親家之後，又見到了她的父親張廷重。但這是她人生旅程之中最後一次父女相見。

張子靜在記述中說，「難得父親那麼寬容」，只是「姐姐進門後，神色冷漠，一無笑容。在客廳見了父親，只簡略地把要入聖約翰大學續學的事說一遍。」整個過程前後不到十分鐘，「那是姐姐最後一次走進家門，也是最後一次離開。此後她和我父親就再也沒見過面。」

在張廷重的資助之下，一九四二年的秋天，張愛玲插班進入聖約翰大學文學系的四年級。張子靜也進入了一年級，但學的已經不是在復旦時候的中文，改為經濟。

由於在香港期間，甚至連寫信都用英文，張愛玲在轉學考試的時候竟然國文不及格，還需要去專門補習。但不久她就升到了高級班。

這年秋天，張愛玲、張子靜以及炎櫻一起進入了聖約翰大學，但是張愛玲到了十一月就選擇了輟學，她告訴張子靜的原因是學校的教授不行，「與其浪費時間到學校上課，還不如到圖書館借幾本好書回家自己讀。」

但是，張愛玲的退學其實另有原因，「後來姐姐終於無奈地說，她輟學最重要的原因是錢的困擾。」當時，張愛玲與母親失去聯繫，靠姑姑生活，雖然張廷重資助了張愛玲重新返回學校，但是，戰時張廷重的生活也不如從前，張子靜知道，「就是姐姐真的提出來，怕也難以如願。為今之計，似乎也只有靠姐姐自謀生活。」[11]

好在，張愛玲可以寫作為生。在退學之前，她就已經給英文的《泰晤士報》寫評論文章了，主要是影評和劇評。

於是，以寫作為生的張愛玲出現在了人們的眼前。一直到十年之後，一九五二年，在張愛玲三十二歲的那年，她向香港大學申請複學，得到了批准。但不久她還是休學了。

張子靜在《我的姐姐張愛玲》一書中分析張愛玲的成名，說的是，「一九四二年，上海人在刊物上已經看不到巴金、茅盾、老舍等名家的作品了。甚至一直在報上連載的張恨水小說，也失去了蹤影。他們不是自我封筆，就是被敵偽封殺。」

柯靈也稱，「上海淪陷後，文學界還有少數可尊敬的前輩滯留隱居……鄭振鐸隱姓埋名，典衣縮食，用個人有限的力量，挽救『史流他邦，文歸海外』的大劫。」「日本侵略者和汪精衛政權把新文學傳統一刀切斷了，只要不反對他們，有點文學藝術粉飾太平，求之不得，給他們什麼，當然是毫不計較的。天高皇帝遠，這就給張愛玲提供了大顯身手的舞臺。」

比如張恨水，在當時他屬於絕對的暢銷作家。一九三五年秋天，張恨水受成舍我的邀請，前往上海參與創辦《立報》。約以三個月為期。

但是，等到期滿的時候，他卻收到了家信，說是日本人在捉拿北平文藝人士，有張黑名單，他也在上面。於是，張恨水就沒有返回北平。而是到了南京，住了三個月，並創辦《南京人報》。[12]後來這報紙在南京失守的前幾日才停刊。

張恨水自一九三九年到一九四一年，和大多數的學者、文人們一樣，這段經歷主要在重慶。雖然此間上海的刊物依舊登載著他的小說，比如《新聞報》對於《新水滸傳》的連載。但到了太平洋戰爭爆發，上海完全淪陷，張恨水也就在上海絕了蹤跡。

這就給了張愛玲一個空檔。大家都遠走或者隱姓埋名，恰好為新人提供了時機。於是，張愛玲的成名機會來了。「成名要趁早」是她的名句，不過此時的張愛玲也已經二十二歲，相對於少年得志而言似乎有些晚了。但張愛玲迅速的在上海灘走紅了起來。

雖然張愛玲最初的時候是以英文寫作，但張愛玲的走紅卻是在一九四三年，《紫羅蘭》雜誌復刊，張愛玲在上面發表小說〈沉香屑‧第一爐香〉。手持介紹信，攜帶兩爐香，去拜見周瘦鵑。

介紹信的作者是黃岳淵，當時上海著名的園藝家，但早先也是朝廷命官，後來厭惡官場，三十多歲即開始寄情花草，與張愛玲的姑姑張茂淵也算是熟識。[13]

周瘦鵑對張愛玲的小說大為讚賞，這便是發表在《紫羅蘭》的〈沉香屑‧第一爐香〉。接著，從一九四三年五月發表〈沉香屑〉第一爐香、第二爐香開始，張愛玲後來又在《雜誌》月刊發表小說〈茉莉香片〉、〈傾城之戀〉、〈金鎖記〉，散文〈到底是上海人〉。在《萬象》雜誌上她發表了〈心經〉、〈琉璃瓦〉。

當然，這顆上海的才女很快也得到了很多人的注意，比如柯靈，比如蘇青。柯靈後來的文章回憶，他在《紫羅蘭》上發現張愛玲的小說時，是「奇跡般」的發現。後來的七月，張愛玲來了，「穿著絲質碎花旗袍」的張愛玲用一個報紙包包著她的稿子來找柯靈了。

一時之間，張愛玲忙碌了起來，約她稿子的人也越來越多，一般的雜誌甚至難以如願。包括張子靜打算與朋友辦一份刊物，約張愛玲的稿子都沒有約到。

於是，一九四三年，對於張愛玲來說成了一個重要的年份。當然，更重要的是，這一年她與胡蘭成相識。

（五）

胡蘭成後來寫〈民國女子〉，寫的即是這段姻緣。

此時，胡蘭成在南京閑來無事。蘇青寄去《天地》雜誌，卻翻到一篇文字，叫做〈封鎖〉，作者是喚作張愛玲的。這文字讓胡蘭成讀了一遍又一遍。還是於心不足，於是寫信問蘇青。未料蘇青回信，「只答是女子」。

此間，胡蘭成又遭遇了一次牢獄之災，這年的十二月七日，與汪精衛已過蜜月期的他，被汪精衛下令逮捕。一直到了一九四四年的一月二十四日，也就是舊曆的除夕之夜，才被放出。

二月間，胡蘭成抵滬，首要的事便是尋找蘇青，目的只有一個，問訊張愛玲的位址，雖然蘇青告訴他，張愛玲不見客的。

胡蘭成還是來了，他從門縫裏往靜安寺路赫德路口一九〇二號公寓六樓的六十五室塞了一張紙條，沒料到第二日卻接到了張愛玲的電話。劉川鄂的《張愛玲傳》中寫，「其實張愛玲早知胡蘭成的大名，當然是蘇青告訴她的。在胡蘭成開罪汪精衛被拘押期間，她還陪蘇青到周佛海家去說情。」[14]

胡蘭成說張愛玲，是「民國世界裏的臨花照水人」，說的自是確切，也發自內心。我們似乎應該記得此前胡蘭成不滿意玉鳳，原因在於「她沒有進過學校，彼時正是『五四運動』的風氣，女學生黑衫白裙，完全新派，玉鳳不能比。她又不能煙視媚行，像舊戲裏的小姐或俏丫鬟，她是繡花也不精，唱歌也不會。」唱歌，也只會「小白菜，嫩靄靄，丈夫出門到上海，洋鈿十塊十塊帶進來。」[15]

而他所見到的張愛玲全然不是如此，張愛玲本就出身豪門，衣著亦喜歡奇裝異服。這讓胡蘭成反倒顯得有些局促不安。他去看張愛玲，見到的是「她房裏竟是華貴到使我不安」，雖然這本是一些簡單的傢俱，可能也不值錢。張愛玲「今天穿寶藍綢襖褲，戴了嫩黃邊框的眼鏡，越顯得臉兒像月亮」、「愛玲極豔」[16]。眼前的人哪是玉鳳之類的鄉下女子相比的了的，再者張愛玲的幾爐香燒下來又哪是只會唱小白菜的女子相比？所以，胡蘭成將之比作劉備到了孫夫人房裏的膽怯，應該是確切的。

多情如胡蘭成，自然是傾心了。張愛玲知道胡蘭成曾經下獄，也滿是憐憫。胡蘭成也給張愛玲寫信。大陸版《今生今世》的腰封上印的文字之一便是「從林語堂、梁實秋、錢鍾書直到余秋雨，才子散文，胡蘭成堪稱翹楚」，想必胡蘭成給張愛玲的那封信寫的也是才華橫溢的吧。

否則，張愛玲在送他照片的時候，怎麼會在後面附上一行那樣的文字？張愛玲寫的是，「見了他，她變得很低很低，低到塵埃裏，但她的心裏是喜歡的，從塵埃裏開出花來。」

於是，這朵「塵埃裏開出的花」便是民國裏最著名的一段姻緣。於是，他們沉浸於熱戀，胡蘭成經常每個月裏回到上海住上八九天，更多的時候「晨出夜歸只看張愛玲」，果真是要「男的廢了耕，女的廢了織」了。

張愛玲也是如此，張子靜去看姐姐，平日是難得有空與弟弟聊天的張愛玲，「不知為什麼，那天她心情似乎特別好。不但又為我泡了一壺紅茶，還說了一些在外面的見聞。」張愛玲還告訴弟弟有個外國男人約她跳舞，可她卻沒有答應。姐姐的興奮讓弟弟很是詫異，後來，張子靜看胡蘭成的〈民國女子〉，「我掐指回算，恍然大悟——那天姐姐的心情那麼好，原來是在熱戀之中。」[17]

當然，胡蘭成自我感覺也是很好，他說與張愛玲只是男女相悅，甚至「我已有妻室，她並不在意。再或我有許多女友，乃至挾妓遊玩，她亦不會吃醋。她倒是願意世上的女子都喜歡我。」這種自信或許只有胡蘭成能有。於是，胡蘭成繼續很無辜，很無可奈何的寫，「我們兩人都少曾想到要結婚，但英娣竟與我離異，我們才亦結婚了。是年我三十八歲，她二十三歲。我為顧到日後時局變動不致連累她，沒有舉行儀式，只寫了婚書為定。」

那婚書上，張愛玲寫，「胡蘭成張愛玲簽訂終身，結為夫婦」，胡蘭成寫的卻全無婚姻的意味，就跟他的那些才子散文一般，他寫的是「願使歲月靜好，現世安穩」。

給他們證婚的是張愛玲的閨密炎櫻。

胡蘭成似乎終於遇得了心儀的女子，否則他怎麼會在〈民國女子〉裏寫，「前人說夫婦如調琴瑟，我是從愛玲才得調弦正柱」，他還說「愛玲是像陌上桑裏的秦羅敷，羽林郎裏的胡姬」，果真，胡蘭成遇得了他「天然妙目，正大仙容」的人了。

一九四四年九月，張愛玲出版了小說集《傳奇》。這本書的出版銷路竟然非常的好。四天後就再版。

此時，張愛玲剛剛與胡蘭成成婚一月。

加上作品的銷量大好。相比，她的心情也是無比的好。

這年，胡蘭成還辦了份雜誌，叫做《苦竹》，共出四期。不久他就前往武漢，接收《大楚報》了。

去武漢是在日本靠山池田的安排下而去的，胡蘭成在那裏主持《大楚報》，「這是日寇企圖扶植傀儡創立『大楚國』的一個組成部分」。[18]

（六）

時間到了一九四五年。

抗戰要勝利了。而這段姻緣也過了巔峰。胡蘭成遇見了只有十七歲的小周。這年三月，胡蘭成回上海。小周告訴他，應該回去，回去看看張小姐，看看青雲，看看小弟弟小妹妹……但臨了說了句，「漢口這樣地方，你此去不必再來了的」。臨了一天，小周與胡蘭成江邊散步，口裏唱的一首歌，「郎呀，郎呀，我的郎」。胡蘭成回上海，一住月餘，他寫道，「陽臺下靜安寺路的電車叮噹來去，亦天下世界依然像東風桃李水自流。我與愛玲說起小周，卻說的不得要領。一夫一婦原是人倫之正，但亦每有好花開出牆外，我不曾想到要避嫌，愛玲這樣小氣，亦糊塗的不知道妒忌。」[19]

事實遠沒有胡蘭成寫的那般灑脫，張愛玲亦非不妒忌。她接著告訴胡蘭成，「有個外國人向她的姑姑致意，想望愛玲與他發生關係，每月可貼一點小錢」，「但愛玲說時竟沒有一點反感」。這張愛玲的醋意分明是極其濃烈，惜乎胡蘭成沒有聞得出來。

張子靜寫自己姐姐的這段婚姻，是如此的感慨：

不過姐姐結這個婚並未真的獲得「現世安穩」。胡蘭成後來去武漢辦《大楚報》，愛上一個護士小周。抗戰勝利後他化名逃亡，又愛上一個秀美。

姐姐去溫州找他，說出小周與她，要他選擇，他卻不肯。姐姐責問他：「你與我結婚時，婚帖上寫現世安穩，你不給我安穩？」胡蘭成的回答是：

我待你，天上地下，無有得比較。若選擇，不但於你是委屈，亦對不起小周。人世迢迢如歲月，但是無嫌猜，按不上取捨的話。

姐姐最後不得不無奈地歎了一口氣說：

「你是到底不肯，我想過，我倘使不得不離開你，亦不致尋短見，亦不能再愛別人，我將只是萎謝了。」

姐姐聰明一世，愛情上沉迷一時。這個婚姻沒給她安穩、幸福，後來且是一連串深深的傷害。胡蘭成說她「不會跌倒」，她為胡蘭成跌倒了，終至心靈萎謝，最後以離婚收場。她的第一次婚姻不足三年，比母親的還短，而所受挫擊則更深。

抗戰勝利的一九四五年，張愛玲僅是一個二十五歲的姑娘。

經此世變，張愛玲幾乎在上海文壇沒了蹤跡。那些以前找她約稿的報刊有的關了門，「有的怕沾惹文化漢奸的罪名，也不敢向她約稿，她本來就不多話，關在家裏自我沉潛，於她而言並非難以忍受。」[20]

註釋

1 止庵，《今生今世》序言，中國社會科學出版社，三頁。
2 據張子靜，《我的姐姐張愛玲》。
3 張恨水，《寫作生涯回憶》，人民文學出版社，一九八二十年版，五七頁。
4 周芬伶，《張愛玲哀與傷——張愛玲評傳》，上海遠東出版社，一五二頁。
5 張愛玲，《流言》。
6 胡蘭成，《今生今世》。
7 劉川鄂，《張愛玲傳》，三五頁。
8 據劉川鄂，《張愛玲傳》，三六頁。
9 張愛玲，燼餘錄。
10 張子靜，《我的姐姐張愛玲》。
11 張子靜，《我的姐姐張愛玲》。

12 張恨水，《寫作生涯回憶》，人民文學出版社，一九八二十年版，五五頁。
13 見劉川鄂《張愛玲傳》，六六頁。
14 劉川鄂《張愛玲傳》，一四七頁。
15 胡蘭成，《今生今世——有鳳來儀，風花啼鳥》，一〇二頁。
16 胡蘭成，〈民國女子〉。
17 張子靜，《我的姐姐張愛玲》。
18 劉川鄂，《胡蘭成傳》，一五七頁。
19 胡蘭成，〈漢皋解佩〉。
20 張子靜，我的姐姐張愛玲，一九〇頁。

獨為神州惜大儒

——抗戰中陳寅恪的家國之變

一九三七年九月十四日，北京城，一位客居此地的老人去世。此人為清華大學四大導師陳寅恪的父親，陳三立，又稱散原老人。陳三立此番回到北京原本打算養老，他於一九三三年北上，距離他去世還有四年。他的兒子陳寅恪在一九二六年一月受清華的邀請，結束了長達十數年的國外留學生涯，前往清華任教。而陳三立去世，陳寅恪開始了一生的流離之途。期間，饑寒交迫，雙目失明，藏書散盡。

（一）

一九二六年，一直沒有結婚的陳寅恪到了清華園中，自然是一個大齡單身男教師。一家人都非常為陳寅恪的終身大事而著急，甚至散原老人告誡，如果陳寅恪自己定不下終身大事，那麼他就要強行做主了，「不孝有三，無後為大」。

此時，陳寅恪住在清華工字廳，與一體育老師郝更生相識，郝更生當時之女友名為高梓。一九二八年春，郝更生告訴陳寅恪，高梓的朋友，也是清華的一位女教師家中有一副字，署名為「南注生」。郝更生不解這「南注生」為何許人，並說了說女教師的情況。陳寅恪聽完，驚訝道：此人必灌陽唐景崧之孫女也。

陳寅恪嘗讀唐景崧之《請纓日記》，並對晚清感慨甚多，更何況自己舅父曾在臺灣輔佐唐景崧獨立，成立「臺灣民主國」，故而對唐景崧的事蹟有較多瞭解。而「南注生」即是清朝臺灣巡撫唐景崧之別號——這是他向郝更生作出的解釋。因對這幅字非常感興趣，他向郝更生提出，希望能拜訪其主人。[1]

而此次拜訪，牽出了一段姻緣。此女教師即是唐景崧之嫡親孫女唐篔。某個春天的午後，陳寅恪在同事郝更生的陪同下見到了唐篔，並觀賞了南注生的題字。這也成為其二人喜結連理的信物。在九一八事變前，還曾請胡適為此橫幅題詩，胡適題，「畢竟天難補，滔滔四十春」。

而七年之後，山河零落的一九三八年，陳寅恪復請許地山題詞，許地山題「雞峰陷沒鯤洋沸，疫區東溟永不歸」。胡適之父胡鐵花曾在臺灣抗日，拒絕光緒「所有在台官員一律內渡，將臺灣交接日本」之旨意，做了末世書生最大之反抗。而許地山之父許南英，也在甲午戰後，在臺灣苦撐危局，死守台南。

又到山河淪落時，這副字不僅是其定情之物，也成了感懷國事最好的物件。

而義甯陳氏，更為中國近代無法繞開的一個家族。

陳寅恪祖父陳寶箴，其父陳三立父子因「濫保匪人」，被「革職永不敘用」。離開長沙，返回南昌。「從此後，陳家人退出政壇，子弟皆從事文教或其他方面工作。」[2]

而其父陳三立，早年隨陳寶箴左右，變法失敗後，雖然退出了政壇，但是卻一代詩名，是為同光體的代表人物。一九二四年四月的那次泰戈爾訪華，在杭州時，就與陳三立合影，引起報章之關注，中印詩人的此次會晤，也成為詩壇佳話。

兩人都出身世家。

自從二人因字畫相識，就有了此後的交往，一九二八年七月上旬，兩人在北平舉行訂婚儀式，同年八月三十一日，在上海舉行結婚典禮，喜結連理。

婚後到一九三七年，三個女兒出生，分別取名陳流求、陳小彭、陳美延。

其中「流求」、「小彭」取自琉球、澎湖島名，都與臺灣有關。其目的在於「要我們姐妹切勿忘記當時被日本侵佔，而原本屬於我國的臺灣、澎湖。」[3]

（二）

陳寅恪也在這一九三七年之前，在清華園裏過了一段相對安定的生活。作家岳南在其著作《南渡北歸》中稱這段時期，是「陳寅恪一生在生活上最舒心，精神上最得意，學術上最有創建的極盛時期」。[4]

婚後的陳寅恪每天夾著一個包袱皮包去上課，而孩子們則在幼稚園裏念書。他深受學生歡迎，一些北大的學生也跑到城外清華園裏聽陳寅恪講課，甚至要經歷「綠林人士」的光顧。[5]陳寅恪的工資也達到了四百八十元，拿著清華大學教授的最高工資。時值清華規定教授月薪最高以四百元為限額，陳寅恪的高薪是作為學科的特殊貢獻者而獲得。

散原老人一九三三年北上後，一家人更是在享受天倫之樂，陳流求回憶，「祖父來北平後，城裏和清華園的家中，都裝上一部掛在牆上的電話，大伯母黃國巽與我們父親母親的通話內容，多是有關祖父每日的飲食起居。有一次午飯後，城裏大伯母來電話說：祖父今日精神略差，測得體溫為三十八點五度。父親著急，匆忙趕進城去，說好今晚不回來，哪知晚飯時分，他又返回清華新西院家中，告訴母親說：老人體溫高，是因為家人先把體溫計放在溫熱開水中洗滌，才給老人測試，所以鬧了一場誤會。在我們很小的時候，就深深感受到全家對祖父的孝順與尊敬。我們和父母平日都住在西郊清華園的家，每逢週末及寒暑假，便乘清華校車進城與祖父團聚，星期日下午仍乘校車回清華園。返程的校車，由東城騎河樓清華同學會開過來，經西城站點時已是乘客滿座，我們由西城上車後，總有青年學生起身讓座，那時候尊敬師長蔚然成風，至今仍有印象。登上校車前，常在校車的西城站點亞北麵包房，買一袋二次烘烤的麵包幹，因它容易消化，父親工作至深夜時可充當夜宵。」[6]

但這原本家中的美好生活，被日軍的炮火打破了。

及至盧溝橋事變，一家的歡樂氣氛開始變得沉悶。「城內可隱約聽到炮聲，城裏與清華園一度交通阻隔，電話也打不通，家人擔心父親安危，祖父與母親尤甚。」

這還不止，「一九三七年七月末，北平淪陷。八月八日正午，日軍大舉開進北平城。從此，祖父的情緒與身體狀態急轉直下，終至臥床不起」。「大表伯父俞大純也常來問疾，先與家人攀談，敘說外界局勢不妙，到了祖父床前，故意做滿心歡喜高聲說，『姑爹好消息，今日又打了勝仗！』祖父開頭幾日聽到打勝仗的消息，稍感新聞，可後來發現這是哄他多進點飲食之舉，體質日漸衰弱，又不肯進食服藥。」[7]

陳流求曾目睹家人幾次捧著一碗流質食物進入祖父臥室，最後又原樣端了出來。陳三立在彌留之際仍然牽掛戰事，曾問陳寅恪：「外傳馬廠之捷確否？」

此時，北平已入敵手，連載報刊登載訃告都不能，只好在上海《申報》刊登報喪啟事。

一月之前的一九三七年八月，是時國民政府教育部決定成立長沙臨時大學。

從未見過父親發火的孩子們，平生第一次見到陳寅恪如此動怒。當時，陳寅恪的心理壓力應比誰都大，山河破碎，散原老人去世尚未入殮，自己又遭眼疾，而不得不放棄醫治。其心境自然不會太好。

一九三七年十一月三日，將大部分書籍寄存到朋友家，上課用得著的書籍發往長沙。讓孩子們背熟了親友家的地址，在散原老人之「七七」一過之後，靈柩尚出殯。在這個冬日寒冷的清晨，陳寅恪帶著一家登上了去天津的車，朝著湖南長沙而去。

此時，唐篔剛產後不久，他們的第三個孩子陳美延出生在這年七月一日。

而散原老人之靈柩，一直到一九四八年才南運杭州安葬。

（三）

逃離的路線幾乎和其他人一樣。

他們先是乘船到青島，而後經膠濟鐵路而奔濟南，過徐州，而後鄭州，一路到達漢口。

從青島，半夜坐車去濟南。唐篔要照顧孩子，要給最小的美延餵奶，還要檢點行李，「無心想在火車上需帶些吃的東西」，雖然青島的水果極佳，但無暇顧及。只能吃一些麵包或者饅頭充饑。同行的袁復禮買了一簍水果，讓唐篔好生羨慕。[8]

在濟南，已經是見車就上，不論班次，明日是否有車，尚未可知，大敵當前，只能四散逃命，一天前，黃河鐵橋已經被日軍炸斷。

十一月二十七日抵達長沙。此處為陳寶箴擔任湖南巡撫之地。陳寅恪等人在此曾有一段童年時光，陳家也在此時為世人所知。當然，也是在此地，陳寶箴被罷免巡撫，「以封疆大吏，濫保匪人」的罪名「即行革職，永不敘用」。及至後來，隱秘去世。

但此時，陳寅恪一家的到來，又是遭遇家國之變。

長沙也不是久居之地。一九三八年一月二十九日，奉教育部令，長沙臨時大學遷往昆明，更名西南聯合大學。剛剛安頓下來的教授們，又要南遷。長沙到昆明，三千五百華里，學校發了路費，「教職員每人六十五元，學生二十元」。[9]這些師生們分三路入滇。

而在此之前，陳寅恪已經得到了大學再次南遷的消息。陳寅恪帶家人未與友人結伴，而是在這年的一月份就提前啟程，轉道廣西，到達香港。

到達香港，已經是舊曆年末，剛入住環球旅店，尚在「襁褓中的美延突然發燒，懷疑出麻疹」。[10]幸虧此時在香港大學中文系擔任教授的許地山。另外的兩個還在被接到了許地山家，以減輕陳寅恪的負擔。而實際上，此時的許地山家已經一個老人以及三個孩子。因熊希齡在一九三七年末的十二月二十五日突然病逝，毛彥文也暫時居住在許地山家。

在香港，第一個逃難的春節，唐篔悄悄的叮囑女兒，「王媽媽和我們奔波半年，過舊曆年總要讓她多吃幾塊肉」。意思是讓尚不懂事的孩子們能夠克制，讓王媽媽能嘗到一點難得的美味。王媽媽從旁側聞聽，感動得淚流滿面。[11]

而這位保姆王媽後來在亂世之中查出罹患白血病。離開香港，回到故土。在當時，歸程也就是自己為自己落葉歸根。

新年之後，陳寅恪必須趕往西南聯大在蒙自的文學院。唐篔有心臟疾病，旅途勞累勢必會加重病情，同時雲南地處高原，對病情也無益處。

雖然陳寅恪此時已染眼疾。陳寅恪還是決定隻身前往雲南，將一家老小留在香港。

為了節省資金，開春後不就，陳寅恪一家搬到了「九龍城附近的福佬村道十一號三樓」，[12]此為其在香港的第二個家，這是一個一室一廳的房子。

陳寅恪一家與清華大學沈乃正教授的家眷合住，唐篔帶著三個孩子住在廳裏。

（四）

一九四〇年，陳寅恪作詩，其中有句，「離亂骨肉病愁多」。

事實上，無論是陳寅恪還是唐篔，身體都一直不好。

陳流求回憶，陳寅恪「在德國時，除聽課外，常整日在圖書館閱讀，僅帶一點最便宜的麵包充饑，全天不進正餐，營養不足，又未注意運動鍛煉，故而一直體質欠佳。已過而立之年尚無意顧及自己終身大事。」[13]對此，陳寅恪在《寒柳堂記夢未定稿》中自謂，「寅恪少時，自揣能力薄弱，復體孱多病，深恐累及他人，故遊學東西，及至壯歲，尚未婚娶。」

作家岳南在其文章中稱，在清華，「陳寅恪由於長期伏案工作，極度缺少運動，因而體制很弱，其薪金一半用來購書，一部分買藥。」[14]

陳寅恪結婚的時候，唐篔還在女師大任教，但後來生了孩子，再加上身體的原因，「更因支持父親專心治學，不為瑣事分心，只得離開教職崗位。」[15]根據其女兒的回憶，婚後，唐篔就發現陳寅恪的體質欠佳，於是就注意對其飲食的調節。以及一些生活習慣的養成。

到了戰亂，陳寅恪與唐篔帶著三個孩子，走上流離之途。期間，病是困擾這個家庭的一大問題。在其後人及師友的回憶中，關於這段時間的病，時常見於字裏行間。

剛入香港的時候，陳美延就已經發燒。搬家後不久，陳美延與沈乃正的孩子沈式平，「先後染上百日咳，日夜尖聲咳嗽」，「周歲的美延又咳又吐又發燒，明顯消瘦了下來」。

雖然自己帶著孩子在香港，唐篔依舊沒有告知陳寅恪，而是獨自承受，「從此以後，美延就成了一個瘦弱的小孩，抗戰期間生活艱苦，身體一直未能強健起來，到了入學年齡，也因體質過差，不能去學校就讀，還時常生病。」[16]到了一九三九年暑假，陳寅恪首次探家，七月三日，陳寅恪到達香港，「見到百日咳後的美延，嚇了一跳，瘦的完全認不得了」。[17]

一九四〇年，陳寅恪作〈庚辰元夕作時旅居昆明〉詩，其中有「淮南米價驚心問，中統錢鈔入手空」之句。說的即是當時之境況。

陳寅恪每次發了薪水，就立即將生活費寄到香港。而法幣每天都在疊加，所以，唐篔的第一件事就是將法幣兌換成港幣。生活越來越拮据，「以後曾遇到母親臥病無法外出，流求只得提著平日上學的藤書匣，一如放學模樣，獨自到此錢莊兌港幣，幸好未出意外。」[18]此時的陳流求還不到十歲。

陳流求在十歲那天去拍了一張照片，紀念自己成為要負責任的「大人」。那天是一九三九年五月二十四日，當時她去醫院看望病中的唐篔。唐篔心臟有疾，一九三九年五月中旬，其病突然加劇，幸有許地山一家的幫忙，才得以救治。為了節省費用，唐篔不得不搬到收費較低的床位。

而在一九四〇年陳寅恪回港的時候，其家的底層就是一座叫做「潔瑩」的幼稚園。條件很好，但是收費也很高。「美延常用兩隻小手抓著鐵絲護欄，眼巴巴地張望，看裏面同齡小朋友滑梯，玩蹺蹺板，做遊戲，羨慕之極。」唐篔只好告訴美延，「我們家沒錢交費，上不了幼稚園」。[19]

一九四一年，「父母疾患時發，母親又添婦科出血性疾病，身體更加虛弱，經濟窘迫未能正規治療。前途茫茫，行止兩難。」[20]

而一九四三年八月末，陳寅恪一家再次踏上路程。到了貴州境內，唐篔「因為勞累，抵抗力下降，不行染上痢疾。勉強到達貴陽市後，病情加重，腹瀉膿血，不能進食，服用中西成藥，療效很慢」，於此同時，陳寅恪與陳美延也患病，只好再次停留下來。[21]一個月後，才再次啟程。到了秋冬時分，方抵達重慶。

等陳寅恪逃到了內地，沒有去李莊，原因也是因為「病」。作家岳南在其文章中稱，「陳氏之所以捨李莊史語所而奔燕大，主要的原因是認為成都和燕大的條件要比李莊為好，對自己及家人特別是患有心臟病的夫人唐篔的身體有所益處。想不到一到成都才知道，此處的條件比想像的要糟糕的多。」[22]

而在其女兒們的回憶中，這個時候的陳寅恪在燕京大學，已經因為用眼過度，視力明顯減退，「母親很著急，希望在力所能及的條件下，為父親增加一點營養。但是物價持續飛漲，母親只得把作客穿的旗袍，送進了寄賣行。」[23]唐篔還委託黃大器，花錢買來一隻跛足的懷孕母山羊，生了兩隻小羊後，學著擠奶。雖然陳美延到了上學的年齡，但身體不好不能上學，她的任務就是每天放羊，順便撿落葉、樹枝，做燃料。[24]

（五）

一九四〇年暑假後，陳寅恪留在香港，在香港大學擔任客座教授，聘期一年，每月三百港幣。

陳寅恪在西南聯大是教授中的教授。想必時人不會忘記當時，狂人劉文典對沈從文跑警報時候的譏諷。

但是，劉文典對陳寅恪卻推崇備至。比如，在沈從文晉升教授的時候，劉文典曾經勃然大怒，稱「在西南聯大，陳寅恪才是真正的教授，他該拿四百塊錢，我該拿四十塊錢，沈從文該拿四塊錢。可我不會給他四毛錢！如果沈從文是教授，那我是什麼？我不成了太上教授？」[25]

陳寅恪困居香港，遠在後方的學人們也牽掛萬分。傅斯年設法營救其離開香港。並從北大文科研究所借支了三千元的資助。此年，許地山病逝香港。「人事極煩勞，高齋延客，蕭寺屬文，心力暗殫渾未覺；離亂相依託，嬌女寄廡，病妻求藥，年時回憶倍傷神。」

及至一九四一年十二月七日，珍珠港被偷襲，太平洋戰爭爆發。第二天，日軍進攻香港，十二月二十五日駐港英軍投降。

日本佔領香港，陳寅恪在被搶運之列。並且朱家驊也已經給陳寅恪發去了電報，讓他趕上最後一架飛機。但是，「當陳寅恪於兵荒馬亂中攜帶家口匆忙趕往機場時，卻被無情地擋在了圈外」，[26]這就是孔祥熙女兒的老媽子與洋狗事件。被擋在外面的還有何香凝、郭沫若等人士。重慶的黨國要員聽到飛機返回的消息，去機場迎接這些政界、學界的要人，等來的卻是孔二小姐的老媽子、洋狗甚至是馬桶以及香料床板的時候，一個個目瞪口呆。

重慶《大公報》披露此消息後，朝野議論紛紛。甚至有學生們以為陳寅恪已經在香港遇難。「盛怒中的傅斯年暴跳如雷，直呼要『殺飛狗院長』孔祥熙以謝天下」[27]。

陳寅恪困居香港，生活極端困頓。當時痛失家園而同樣客寓香港的冼玉清，托人給陳寅恪送去了價值四十港元的「軍票」。陳寅恪沒有收下。[28]

日軍看上了陳寅恪一家的居住之地，限令全樓人搬走。無奈之下，唐篔只好流著眼淚，在一塊布上寫上了家長及孩子姓名、出生年月、親友位址等資訊，縫在了僅四歲的陳美延的衣服上，害怕一旦走失，有好心人能夠送還。

幸好這支部隊後來換防，一家人才免於此次災難。

陳寅恪是為數不多的讀書種子，雖然此時困苦，但如果得到了陳寅恪對日偽政權的承認，那麼自然是有無限榜樣作用的。

不少人開始打陳寅恪的主意，在一九四二年的二月，家裏就忽然來人，自稱是陳寅恪的學生，請他北上教書，薪資甚豐。北平的偽北京大學，甚至給出了月薪千元的高價。吳宓也有如下記載，「香港日人以日金四十萬元強付寅恪辦東方文化學院，寅恪力拒之，獲免。」

不能乘飛機離開，陳寅恪只好自己設法，儘快逃離。一九四二年五月四日，陳寅恪逃離香港。從澳門，而後廣州，終於回到內地，並於六月十八日到達桂林。

在桂林，陳寅恪舊病「漸次復發」，不能即刻趕往李莊。只好在廣西大學授課，平時就坐在一個小木凳上，在一個大箱子做成的書桌上筆耕不輟，有時候汗水將衣服浸透都不曾發覺。

是年秋天，陳寅恪被聘為國民政府教育部首批部聘教授，這是當時中國教育界之最高榮譽。是抗日戰爭時期國民政府為提高我國科研、培養抗戰建國人才、穩定高水準師資隊伍而採取的一項措施。

（六）

陳寅恪一生藏書甚豐。但一場戰亂，讓他的書七零八落。

烽火滿天殍滿地，儒生無處可逃秦，更何況一張安靜的書桌。

一九三八年四月十五日下午，陳寅恪與其他教授同行，走海道，轉赴越南海防，奔赴蒙自。一周之後的四月二十三日入夜時分到達蒙自。第二天住進了聯大教授宿舍。

時逢戰亂，陳寅恪由昆明入河口的時候，僅憑護照無效，還必須有身份證明文件。為此，陳寅恪不得不求助傅斯年，以中央研究院名義為他開了證明，航空寄到香港，如此方能過關。[29]

但此次旅途，陳寅恪損失慘重，「二十年來所擬著述而未成之稿，悉在安南遺失」。[30]安南者，即今日之越南。

原本，陳寅恪將「批註最多最為重要的書籍，用最好的箱子裝載，沒想到這樣更容易引起竊賊覬覦，以致兩箱書在轉運途中被掉包，易以磚塊。」[31]

陳寅恪讀書，有在書上直接做批註的習慣，比如蔣天樞曾經描述陳寅恪讀《高僧傳》的批語，「先生於此書，時用密點、圈以識其要。書眉、行間，批註幾滿，細字密行，字細小處，幾難辨識。就字跡墨色觀之，先後校讀非只一二次，具見用力之勤勉。而行間、書眉所注者，間雜以馬利文、梵文、藏文等，以參證古代譯語，皆樞所不識，不敢贊一辭也。」[32]

陳寅恪在給傅斯年的信中曾經提到，「十年所做，一字無存」。其打擊可以想像，況且陳寅恪本身就身體不佳，遠行之前便已染上眼疾，境遇更加困苦。

其女兒回憶，「父親痛失自己二十餘年來辛勤耕耘的成果，身心健康受到很大打擊，何況到蒙自後不久即染上瘧疾，又素來消化功能不良，體質瘦弱，加上高原反應，幾次臥病在床」。[33]

而一九三七年，陳寅恪從北京寄往長沙的書籍，在他們離開長沙後，才到達，這些書被寄存到親友家裏，但在「一九三八年十一月的長沙大火中，統統化為灰燼」。[34]這場大火就是史書上所稱的文夕大火，自十一月十二日深夜開始，這是一次人為縱火，「長沙全城陷入火海當中，大火焚燒了整整五天，數千人葬身火海，三十萬居民無家可歸。」[35]

人猶如此，更何況是陳寅恪存留此處的書了。

（七）

本來就是多病之身，國難家愁，加上中英庚款會的欠款，陳寅恪心情沉重，幾次病倒。而對於陳寅恪來說，最大的打擊莫過於在這場戰爭中雙目失明。

一九三七年，陳寅恪離京之前，視力就已經出現問題，當時是左眼。陳流求回憶，根據醫囑，陳寅恪必須立即住院治療，但「父母考慮再三，若接受手術治療，雖然右眼有恢復視力的希望，但需曠日持久療養，而父親堅決不肯在淪陷區教書，久留北平恐怕會遭到日偽逼迫，最後決定放棄手術治療，任憑右眼失明，以僅剩的左眼視力擔負全部工作任務。」[36]

但是，在抗戰中，陳寅恪左眼也開始出現問題。愈啟忠回憶，「那時六叔右眼已經失明，左眼高度近視，又丟失了書稿，心情不好，體力視力都差，與人群一起跑警報是件危險事，一旦跌倒就麻煩了。那時我二十六七歲，在西南聯大師範學院，與六叔約好照顧他跑警報，每當警報聲響，就趕緊衝出去找六叔，扶著他一起奔走躲空襲」。[37]

在西南聯大，傅斯年在昆明。每次警報到來的時候，大家四下逃竄。但是傅斯年不是如此，「眾人大呼小叫地紛紛向樓下衝去，傅斯年卻搖晃著肥胖的身軀，不顧自己極其嚴重的高血壓和心臟病，喘著粗氣，大汗淋漓地向樓上疾奔，待跑到三樓把陳寅恪小心翼翼地攙扶下來，送進防空洞『入土』，才算了卻一件心事。」[38]

一九四四年十一月中旬，陳寅恪摔了一跤，這使他的左眼更加昏花。但是，他依舊工作，為學生們寫推薦信。

到了十二月十二日，這是一個陰冷霧大的早晨。陳寅恪忽然感到眼前一片漆黑，失去光明。經確診，是左眼視網膜脫落。六天之後，進行了第一次手術，但未獲成功。七年之前，陳寅恪於抗戰之初右眼失明，而此時左眼也喪失功能。

在燕京大學，陳寅恪得到了學校的上下關照，他對梅貽寶稱，「未料你們教會學校，倒還師道猶存」。而梅貽寶則認為「能得陳公這樣一語評鑒，更是我從事大學教育五十年的最高獎飾」。[39]

一九四五年二月十二日，除夕之夜，陳寅恪作詩，〈甲申除夕病榻作時目疾頗劇離香港又三年矣〉，其句為，「雨雪霏霏早閉門，荒園數畝似山村。攜家未識家何置，歸國惟欣國尚存。四海兵戈迷病眼，九年憂患蝕精魂。扶床稚女聞歡笑，依約承平舊夢痕。」

在這年五十六歲的時候，他更是作詩，「去年病目實已死，雖號為人與鬼同。可笑家人作生日，宛如設祭奠亡翁。鬼鄉人世兩傷情，萬古書蟲有歎聲。淚眼已枯心已碎，莫將文字誤他生。女癡妻病自堪憐，況更流離歷歲年。願得時清目復朗，扶攜同泛峽江船。」

唐篔擔當起了陳寅恪眼睛的作用。

八月十一日，陳寅恪得知抗戰勝利。創作〈乙酉八月十一日晨起聞日本乞降喜賦〉，這八年，陳寅恪四散流離，多病之軀，藏書散盡，雙目失明，感慨自是萬千。

降書夕到醒方知，何幸今生見此時。
聞訊杜陵歡至泣，還家賀監病彌衰。
國仇已雪南遷恥，家祭難忘北定時。
念往憂來無限感，喜心題句又成悲。

一九四五年秋，英國牛津大學約請陳寅恪去倫敦治療眼睛。

大家對這個機會都抱有很大的希望，希望陳寅恪的眼睛可以醫好，留在牛津講學。

九月二十一日，陳寅恪啟程，歷時四天，到達倫敦。

只是，雖經兩次手術，視力有所改善，但未能復明。

（八）

有些時候，要做一些假設。比如陳寅恪的英國之行。

一九三九年，無論是帶著孩子避亂香港的唐篔還是獨居內地的陳寅恪，都貧病相加。恰逢此時，陳寅恪被牛津大學聘為漢學教授，時間自這年十月一日開始。

這年春天陳寅恪做好了去英國的打算，他甚至在給傅斯年的信中，透露出計畫全家同去。甚至連如何走都做了打算。信中還詢問傅斯年「不知英庚款會可設法幫助借墊否？」

到了一九三九年六月五日，他依舊在籌措去英國的川資，他再次在給傅斯年的信中稱，「英國如能去，則弟必須去，因弟覆牛津函言去，故必須踐約也。」「觀各方面形勢，俟弟回到香港後，如入境許可證寄來，而路仍可通及能上岸，則必須去，負責即將此借款不用，依舊奉還。故川資仍要速借。可以不用而照還，不可以臨時要定船而無川資也。」[40]

但由於戰事以及家事，不得不做了推遲。還是在開學的時候，返回了西南聯大。

陸鍵東在寫作《陳寅恪的最後二十年》的時候，更將這次受阻，稱之為是「陳寅恪中年遭受打擊的第一步」。德軍對於波蘭的入侵，引發了二戰，陳寅恪雖有邀請，但無法買舟成行。這年九月，陳寅恪寫詩，「人事已窮天更遠，只餘未死一悲歌」。一直到了一九四〇年的暑假，陳寅恪依舊沒有能夠踏上去英國的征程。滯留香港。長達兩年。

至於陳寅恪為什麼在這個時候急切的想去英國。陸鍵東的分析有三。其一，大英博物館裏有中國非常罕見的中國文獻，可以提供新的史料。這對作為歷史學家的陳寅恪來說，自然是有著無限的誘惑力。其二，無論是陳寅恪還是唐篔，其身體都不好，「治療疾病，是陳寅恪渴望赴英倫的另一個原因」。[41]

蔣天樞在《陳寅恪先生編年事輯》中曾做了這樣的假設，「如非日本挑起太平洋戰爭，赴英倫之舉或終能成行。先生雖離開北平時，右眼視網膜已發現剝離現象，若得至英倫，眼疾當可醫治痊複，不致終於失明」。

這樣的假設，讀來讓人歎息。

註釋

1 陳流求，陳小彭，陳美延，《也同歡樂也同愁》，三聯書店，二〇一〇年四月，五八頁。
2 陳流求，陳小彭，陳美延，《也同歡樂也同愁》，三聯書店，二〇一〇年四月，二十八頁。
3 陳流求，陳小彭，陳美延，《也同歡樂也同愁》，三聯書店，二〇一〇年四月，六九頁。
4 岳南，《陳寅恪與傅斯年》，第一二十三頁。
5 岳南，《陳寅恪與傅斯年》，第一二十八頁。

6 陳流求，陳小彭，陳美延，《也同歡樂也同愁》，三聯書店，二〇一〇年四月，一〇三頁。

7 陳流求，陳小彭，陳美延，《也同歡樂也同愁》，三聯書店，二〇一〇年四月，一一六頁。

8 陳流求，陳小彭，陳美延，《也同歡樂也同愁》，三聯書店，二〇一〇年四月，二十八九頁。

9 陳流求，陳小彭，陳美延，《也同歡樂也同愁》，三聯書店，二〇一〇年四月，一三六頁。

10 陳流求，陳小彭，陳美延，《也同歡樂也同愁》，三聯書店，二〇一〇年四月，一三八頁。

11 岳南，《陳寅恪與傅斯年》，一四三頁。

12 陳流求，陳小彭，陳美延，《也同歡樂也同愁》，三聯書店，二〇一〇年四月，一四一頁。

13 陳流求，陳小彭，陳美延，《也同歡樂也同愁》，三聯書店，二〇一〇年四月，四六頁。

14 岳南，陳寅恪與傅斯年，陝西師範大學出版社，第九四頁。

15 陳流求，陳小彭，陳美延，《也同歡樂也同愁》，三聯書店，二〇一〇年四月，二十五二十頁。

16 陳流求，陳小彭，陳美延，《也同歡樂也同愁》，三聯書店，二〇一〇年四月，一四一至一四二十頁。

17 陳流求，陳小彭，陳美延，《也同歡樂也同愁》，三聯書店，二〇一〇年四月，一四四頁。

18 陳流求，陳小彭，陳美延，《也同歡樂也同愁》，三聯書店，二〇一〇年四月，一五〇頁。

19 陳流求，陳小彭，陳美延，《也同歡樂也同愁》，三聯書店，二〇一〇年四月，一五八頁。

20 陳流求，陳小彭，陳美延，《也同歡樂也同愁》，三聯書店，二〇一〇年四月，一五九頁。

21 陳流求，陳小彭，陳美延，《也同歡樂也同愁》，三聯書店，二〇一〇年四月，一七三頁。

22 岳南，陳寅恪與傅斯年，陝西師範大學出版社，二十六四頁。

23 陳流求，陳小彭，陳美延，《也同歡樂也同愁》，三聯書店，二〇一〇年四月，一八〇頁。

24 陳流求，陳小彭，陳美延，《也同歡樂也同愁》，三聯書店，二〇一〇年四月，一八〇頁。

25 據《劉文典傳聞軼事》，劉平章編，雲南美術出版社，二〇〇三年版。

26 岳南，陳寅恪與傅斯年，陝西師範大學出版社，一九〇頁。

27 岳南，陳寅恪與傅斯年，陝西師範大學出版社，一九四頁。

28 陸鍵東，《陳寅恪的最後二十年》，三聯書店，第一七頁。

29 見一九三八年三月十五日陳寅恪寫給傅斯年的信。
30 陳流求，陳小彭，陳美延，《也同歡樂也同愁》，三聯書店，二〇一〇年四月，一四四頁。
31 陳流求，陳小彭，陳美延，《也同歡樂也同愁》，三聯書店，二〇一〇年四月，一四四頁。
32 蔣天樞，陳寅恪先生編年事輯，九一頁。
33 陳流求，陳小彭，陳美延，《也同歡樂也同愁》，三聯書店，二〇一〇年四月，一四四頁。
34 陳流求，陳小彭，陳美延，《也同歡樂也同愁》，三聯書店，二〇一〇年四月，一四七頁。
35 見《長沙晚報》，二〇〇八年五月三十日，二十版。
36 陳流求，陳小彭，陳美延，《也同歡樂也同愁》，三聯書店，二〇一〇年四月，一一八、一一九頁。
37 陳流求，陳小彭，陳美延，《也同歡樂也同愁》，三聯書店，二〇一〇年四月，一五七頁。
38 岳南，《陳寅恪與傅斯年》，一四八頁。
39 陳流求，陳小彭，陳美延，《也同歡樂也同愁》，三聯書店，二〇一〇年四月，一八二十頁。
40 見《陳寅恪集・書信集》，第五七頁，三聯書店出版。
41 陸鍵東，《陳寅恪的最後二十年》，三聯書店，一六頁。

她是我生命的一部分
——巴金與蕭珊的八年「抗戰」

一九七二年八月一三日，蕭珊因患癌症去世。此時，巴金還在上海奉賢縣五七幹校勞動改造。蕭珊重病，巴金請假回家照料，竟不被批准。一直到蕭珊去世前的二十多天，才得到「工宣隊」頭頭的允許。

其間種種遭際，後來巴金在〈懷念蕭珊〉裏，都有所記述。而讓讀者更為感動的是，巴金對於亡妻的懷念：

我站在死者遺體旁邊，望著那張慘白色的臉，那兩片咽下千言萬語的嘴唇，我咬緊牙齒，在心裏喚著死者的名字。我想，我比她大十三歲，為什麼不讓我先死？我想，這是多不公平！她究竟犯了什麼罪？她也給關進「牛棚」，掛上「牛鬼蛇神」的小紙牌，還掃過馬路。究竟為什麼？理由很簡單，她是我的妻子。她患了病，得不到治療，也因為她是我的妻子。想盡辦法一直到逝世前三個星期，靠開後門她才住進醫院。但是癌細胞已經擴散，腸癌變成了肝癌。[1]

巴金還說，蕭珊是他生命中的一部分。

蘇軾懷亡妻，寫〈江城子〉，其間稱「十年生死兩茫茫，不思量，自難忘，千里孤墳，無處話淒涼。縱使相逢應不識，塵滿面，鬢如霜。昨夜幽夢忽還鄉，小軒窗，正梳妝，相顧無言，惟有淚千行。料得年年斷腸處，明月夜，短松崗。」

而蘇軾對於亡妻的懷念與巴金對蕭珊比起來，則少了一份淒切和刻骨。

巴金與蕭珊，相識於抗戰之前的一九三六年，在抗戰勝利前的一九四四年結婚，期間因為戰爭而一起顛沛流離。

婚後二十八年，他們始終相親相愛，相濡以沫。這是世間的小兒女所應該知曉的。

（一）

蕭珊認識巴金的時候，還是一個十幾歲的姑娘。

當時，巴金剛剛從日本回國不久，在上海擔任文化生活出版社的總編輯，已是有很大社會影響的作家，時值《家》已出版多年，並被改編成話劇。

他的作品表現了青年人的苦悶，和對封建大家庭的反叛。許多青年人喜歡跟巴金交流，「近一年來有許多不認識的年輕朋友寫信給我，他們把我當作一個知己友人看待，告訴我許多事情，甚至把他們的渴望和苦惱也毫不隱瞞地講出來了……」[2]

巴金後來回憶，「我在一九三六、三七年中間寫過不少答覆讀者的公開信，有一封信就是寫給她的。這些信後來給編成了一本叫做《短簡》的小書。」[3]

對於這些信，巴金幾乎每一封都做了回覆，甚至與有些人成了很好的朋友。

這其中，就有蕭珊。當時，蕭珊的父親在上海，是一家食品廠的股東，並且還在上海的南市區開設了一家咖啡館。

巴金生前曾經跟《收穫》雜誌編輯彭新琪詳細講述了兩個人的情感經歷。彭新琪在接受央視記者採訪的時候曾經如此回憶，「一九九二年五月十五號上午，我到（巴金）他家去了，我就問他蕭珊寫的信多長。他說她寫得很短，但是有兩點我印象很深，一個她的字很特別；第二呢，她的落款就是說，一個十幾歲的女孩。這兩點很特別。」

這個落款總是署名「一個十幾歲的女孩」和巴金通信半年之久，未曾謀面。後來，這個女孩在信中提出：「筆談如此和諧，為什麼就不能面談呢？希望李先生能答應我的請求……」信中不僅約了時間、地點，還夾著一張她的照片。照片上是一位頭戴花邊草帽，剪著一頭短髮，額前覆蓋劉海，身著白衣黑裙的姑娘，照片的後面，寫了一行字，「給我敬愛的先生留個紀念，阿雯，一九三六年八月」。顯然，她是怕巴金認錯人而鬧出笑話。

他們的見面是在當時上海的南京東路七一九號的新雅飯店。在央視後來所做的紀錄片《那一場風花雪月的往事》中，這樣還原了當時見面的情景。

當天，巴金早到，到了二樓一個正對樓梯的雅間，並要了一杯茶，不久蕭珊出現。

蕭珊一眼就認出了巴金，快活的笑著，好像見了熟人似地走了過去，「李先生，你好早啊！」「早，早！」一開始他們就沒有生分感，她大大方方坐在巴金對面，操著寧波腔的普通話開始講自己的事情。[4]

蕭珊慢慢的告訴了巴金自己的情況，她只有姐弟二人，受母親影響較大，姐弟倆都對革命充滿激情。蕭珊在學校還演過話劇，扮演《雷雨》中的四鳳。也因為演戲而結識了上海從事話劇運動的進步人士，經常參加活動。可是她的父親思想古板守舊，對她限制很多，所以她想離開這個守舊的家庭，到社會上去做個自食其力的人。[5]

彭新琪後來對央視記者稱，「蕭珊是快人快語的，很爽氣的。蕭珊有進步思想，就很想我要離開家我要到社會上來工作。這個時候巴金就勸她，他說我剛剛在回答了一些青年讀者的信，勸她年輕人不要跑在社會上。因為社會上很複雜，你還適應不了，你現在要有讀書的權利。」

這次談話到了中午，後來他們依舊通信。但是這些信大多散失，能找到的是一九三七年的一張殘簡。

蘊珍：

信收到。我很感謝你的好意。你說的話全是對的，我不會怪你，反而我感謝你那善良的心靈。你關心我，勸告我，你說要我好好保養身體，你說要把家安置得安舒一點，你說在一天的忙碌的工作之後要找點安慰。我奇怪你這小孩子怎麼能夠想得這麼周到？其實這些話我都知道。但我不能做。

我的環境是很複雜的，性格也是很矛盾的。你從我的文章裏也可以知道我是怎樣的人。對於我，一個凌亂的房間，一大堆外國文破書也許更可以使我滿意；再不然一次遠地的旅行，或者和許多朋友在一起做事，也是好的。或者關在房裏整天整夜地寫文章，或者在外面奔走。或者整天地玩個痛快。這些我都受得住。我不慣的就是一個有秩序的安定的家。這家在別人是需要的，我也常常拿這事情勸別人。但我自己卻想做個例外的人。我寧願一個人孤獨地去經歷人世的風波，去嚐一切生活的苦味，我不要安慰和同情，我卻想把安慰和同情給別的人。我已經這樣地過了幾年，這種生活不一定是愉快的，但我過得還好。

我認識了幾個像你這樣的可愛的孩子，你們給了我一些安慰和鼓舞，這雖然不一定是我所願望的，但你們究竟給了我一些……

彭新琪在《巴金的世界——親情、友情、愛情》中，還記錄了一個故事，這個故事傳的比較廣，最初的出處，應該是這裏：

一次蕭珊快快活活地來到霞飛坊，卻流著眼淚離開了。鄰居的妻子關心地詢問，才知道蕭珊的父親給她安排了一個有錢的人。

巴金卻告訴蕭珊，這件事要她自己決定。巴金結結巴巴地跟鄰居的妻子解釋說：「我是說她現在還小，很年輕，充滿幻想，需要讀書成長，我告訴她，我願意等她。如果等她長大成熟了，還願意嫁給我這老頭子，我就和她生活在一起。」

八年之後，蕭珊長大了，也願意嫁給巴金這個「老頭子」。

於是，他們結婚了。

（二）

一九三七年七月七日，抗戰爆發。

八月十三日，淞滬抗戰爆發。不久，上海成為孤島。

此時，蕭珊參加了青年救亡團，並在傷兵醫院當護士。這段經歷，後來蕭珊寫了處女作〈在傷病醫院〉。

抗戰開始，蕭珊的弟弟就去了延安，而巴金後來回憶，「倘使不是為了我，她三七、三八年一定去了延安」。

戰爭開始，巴金發表了〈只有抗戰這一條路〉，稱自己雖然是一個安那其主義者，有人稱安那其主義者反對戰爭和武力，但「倘使這戰爭為反抗強權，反抗侵略而起，倘使這武力得到民眾的擁護，而且保衛著民眾的利益，則安那其主義者也參加這戰爭而擁護這武力。」

但上海終究不是久留之地。

一九三八年二月底，巴金與靳以等人一起，離開上海，取道香港，到了廣州，此後一年，在香港、廣州、桂林、武漢之間遊蕩。這年三月二十七日，雖然他不在武漢，但仍然被當選為「中華全國文藝界抗敵協會」的四十五位理事之一。

廣州受到轟炸，彭新琪告訴央視記者，「蕭珊拉著她的媽媽到這個出版社去找吳朗西。當時吳朗西在負責，就問，打聽。她一點沒有女孩子的羞澀或者是不好意思啊。她就大大方方打聽，巴金先生是怎麼樣，廣州的情況怎麼樣。」

到了六月下旬，他從廣州返回上海小住。而到了這年七月，蕭珊高中畢業，她第一次遠行，就是隨同巴金到廣州，住在惠新東街文化生活出版社廣州分社，義務幫助出版社的工作。

而在離開上海之前，蕭珊的母親請巴金吃飯。彭新琪在紀錄片《那一場風花雪月的往事》中是如此表述和理解這一頓飯的。

「在吃飯的時候，蕭珊的母親表示同意他們兩人的結合，她認為巴金會是一個好女婿。」

「這是巴金第一次見到蕭珊的家人，他印象很深。他說她的媽媽把頭髮紮起來想讓自己老一點，看起來年紀大一點。因為丈母娘嘛，要老一點，實際上年紀很輕。因為蕭珊年紀很輕嘛，實際上很輕，但是她想把自己打扮得老一點。於是就在飯店裏，請巴金吃一頓飯。在這個吃飯的時候，（蕭珊）她媽媽就表示，她很希望巴金先生能夠照顧她的女兒。」

巴金不善言辭。他在內心鄭重的接受了蕭珊母親的重托，口中連聲說：「好嘛，好嘛！」可是他還是再次表示：蕭珊是自由的。我願意等她幾年，到那時候在看她自己的意思。但是，此後，巴金公開承認蕭珊是自己的未婚妻。[6]

而這也是巴金一生中唯一的一次見到自己的岳母。[7]

隨後，他們來到廣州，而三個月後，「我們一起在日軍進城以前十多個小時逃離廣州，我們從廣東到廣西，從昆明到桂林，從金華到溫州，我們分散了，又重見，相見後又別離」，蕭珊總是告訴巴金，「不要難過，我不會離開你，我在你的身邊。」[8]

廣州淪陷，巴金將文化生活出版社遷到了桂林。一九三九年初他們經金華、溫州回到上海。

回到上海，蕭珊住回到自己家裏。她媽媽很奇怪她們怎麼沒有結婚，當她得知巴金要支持蕭珊去上大學後，她深情地說，對這個女婿我是很滿意的！[9]

這年暑假，蕭珊考入了已經遷往昆明的中山大學外文系，隨後又轉往西南聯大，先在外文系就讀一年，後來又進入了歷史系。

（三）

一九三九年夏天，巴金去香港取回自己存放在大公報的行李。而蕭珊和同學坐船來到香港，待了三天。兩人約定，第二年暑假在昆明相見。

蕭珊去了昆明，而巴金則返回了上海，寫作長篇小說《秋》。

他住在霞飛坊的朋友家裏，這是被日軍包圍的法租界，當時他已經是「中華全國文藝界抗敵協會」的四十五位理事之一，在這裏過著隱居式的生活。

在一封一九四〇年二月二十日致楊苡的信中，巴金描述自己的狀態，「這裏空氣很悶，我差不多就把自己關在房間裏，很羨慕你們那裏的廣闊的天空。」

一個人隱居，巴金約了在天津做老師的三哥來上海同住，中秋節那天下午，巴金聽見有人在樓下叫他，沒有提前來信的三哥，讓巴金大吃一驚，「我伸出頭去，看見一張黑瘦的面孔，我幾乎不相信會是他」。[10]

從十月份開始，巴金著手《秋》的寫作。李存光在《巴金傳》裏稱，巴金這段時間的寫作非常的辛苦，也非常的勤快，「巴金每天晚上九點鐘以後動筆寫作，寫到深夜兩點，有時甚至三四點，沒有間斷一天，每寫完幾章便送到開明書店，由那裏發給印刷廠排字。」

而實際上，這個時候同住在霞飛坊的李饒林是他的第一個讀者，巴金住在三樓，李饒林住在亭子間裏，「我每寫成一章就讓他先看並給我提意見」。[11]

到了一九四〇年七月，《秋》出版了，巴金動身去昆明，李饒林留在了上海，幫文化生活出版社做翻譯。兄弟兩個在一起住了十個月的事件，這是他們最後一次長時間的住在一起。「一個星期裏我們總要一起去三四次電影院，也從不放過工部局樂隊星期日的演奏會。我們也喜歡同逛舊書店。我同他談得很多，可是很少接觸到他的內心深處。他似乎把一切都看得很淡，很少大聲言笑，但是對孩子們、對年輕的學生還是十分友好，對翻譯工作還是非常認真」。[12]

巴金「帶著一冊自己加印的辭典紙精裝本《秋》和剛寫成的一章《火》的殘稿，登上英商怡和公司開往海防的海輪，離開了已經成為孤島的上海。那天在碼頭送行的有朋友陸聖泉和我的哥哥李堯林。我在『怡生輪』上向他們頻頻揮手，心裏十分難過。」[13]

從上海出發，巴金繞道越南，到達昆明。在昆明，中華全國文藝界抗敵協會昆明分會為巴金舉行了歡迎會。會上，徐夢麟稱「希望巴金先生再有抗戰三部曲」。[14]

果然，在一九四〇年的九月，巴金在這裏寫下了抗戰三部曲中的《火》。到了十一月，巴金到了江安，住在曹禺的家中。

一九四一年初，巴金回到離開十八年的故鄉成都，在那裏住了五十天。但此時的故鄉，雖然還是舊日的門庭，但成了別人的住宅。巴金沿著熟悉的大街去尋找往日的足跡，但舊時的伴侶都已經消失，只有，「巍峨的門牆無情地立在我的面前。守門的衛兵用懷疑的眼光打量我。大門開了，白色照壁上現出一個圓形圖案，圖案中嵌著四個絳色篆文大字『長宜子孫』。這照壁還是十八年前的東西，我無法再看到別的什麼了。據說這裏是當時的保安處長劉兆藜的住宅，門牆上有兩個大字『藜閣』。」[15]

巴金在這裏想到了十八年前的那個春天的早晨，「我離開這個城市、這條街的時候，我也曾有一個姐姐，也曾答應過有一天回來看她，跟她談一些外面的事情。我相信自己的諾言。那時我的姐姐還是一個出閣才只一個多月的新嫁娘，都說她有一個性情溫良的丈夫，因此也會有長久的幸福的歲月。」[16]但巴金離家不過一年半光景，就接到了姐姐的死訊。「我的哥哥用了顫抖的哭訴的筆敘說一個善良女性的悲慘的結局，還說起她死後受到的冷落的待遇」[17]。

到了第二年，也就是一九四二年，巴金又一次的回到了成都，這一次是為了治牙，「住了三個月光景，不曾到過正通順街。我想，以後不會再到那裏去了。」[18]

根據巴金侄子李致的回憶，巴金和他住在家裏的正房，睡一張大床。每天晚上巴金都要寫文章到很晚。而家裏在擺供的時候，「上自祖母下到我，都對祖宗牌位叩頭，只有四爸（巴金）一人鞠躬。」[19]

（四）

一九四一年五月，巴金在重慶完成了《火》的第二部。兩個月後，他回到了昆明，住在了錢局街金雞巷四號，這裏是蕭珊和她幾個同學租住的地方。陳丹晨在《巴金的夢》中寫了這段當時的情景。當時的蕭珊並不住在學校的宿舍，而是與幾個同學一起租住在金雞巷四號的一套房子裡，這是一個小樓的樓上一排三間房子，還帶有廊式的平臺。他們組織了一個名為冬青文藝社的學生文藝團體，常在這裏活動。社員除了本樓居民外，還有汪曾祺、巫寧坤、杜運燮等。

而蕭珊的名字正是在這個期間叫起來的。在她的同學中「女同學中王樹藏居長，還有一位外號『毛兒媽』的居二，陳蘊珍因而被大家叫做『小三子』，後來她寫、譯文章開始用『蕭珊子』，稍後就索性成了『蕭珊』。」

當時，蕭珊的同學都去昆明附近旅行了，巴金就住在男同學的房間裏。巴金的到來，使這座小樓開始變的熱鬧，不時的有人來拜訪他，「沈從文夫婦和卞之琳從呈貢來昆明看他，金克木、莊重、方勁也來過，住在昆明東北郊的楊靜如、趙瑞蕻夫婦，更是每次進城都要來坐坐。」[20]

這段時間，巴金和蕭珊還去呈貢看望沈從文。當時，沈從文在西南聯大教書，為了躲避敵機的轟炸，遷居呈貢，生活極端困苦，文章寫的少，出書已經很困難。巴金和蕭珊去看他，要乘火車。沈從文去世後，巴金還寫有《懷念從文》，言及當時他們在昆明的小餐館裡遇到，「一兩碗米線作為晚餐，有番茄。還有雞蛋，我們就滿足了。在昆明我們見面的機會不多，但是我們不再辯論了，我們珍惜在一起的每時每刻，我們同遊過西山龍門，也一路跑過警報，看見炸彈落下後的濃煙，也看到血淋淋的屍體。」

但這段時期，應該是巴金的一個創作高峰，〈風〉、〈雲〉、〈雷〉、〈雨〉、〈日〉、〈月〉、〈星〉等十九篇散文都是在昆明的這段時間內完成的，加上以前寫的〈愛爾克的燈光〉等幾篇，最後被收錄到了散文集《龍·虎·狗》中，這也是巴金和蕭珊愛情歲月的一段見證吧。

到了九月，巴金以及蕭珊，還有「還有一個姓王的朋友，三個人一路去桂林旅行。我們都是第二次到桂林。蕭珊只住了一個短時期就回聯大上學。我和姓王的朋友留了下來，住在新成立的文化生活出版社辦事處。」[21]

在桂林的冬夜裏，巴金筆耕不輟，南方的冬天依舊寒冷無比，在一九四二年他給楊苡的信中說，「這裏天氣最近突然變冷，我住在高樓，晚上北風帶著怒吼搖撼壁板，兩腿幾乎凍僵，但我仍還坐到深夜……」

但巴金此時並沒有與蕭珊結婚。而是告訴蕭珊，「再等我一年」。後來，有人說，巴金之所以讓蕭珊再等他一年，與巴金承擔一家人的生活有關係。這樣的分析有一定的道理，並且後來巴金也有一些類似的描述。

「我到四十歲才結婚，沒有家庭的拖累。結婚時我們不曾請一桌客，買一件傢俱，婚後只好在朋友家借住，在出版社吃飯。沒有人譏笑我們寒傖，反正社會瞧不起我們，讓我們自生自滅，好像它不需要我們一樣。」[22]

巴金四川一家人的生活最初由三哥李堯林承擔。李家敗落後，一九三〇年李堯林燕京畢業，考入了南開中學做英語老師，「作為教師，他做出了成績，他努力工作，跟同學們交了朋友。他的前途似乎十分平坦，我也為他高興。但是不到一年意外的災禍來了，大哥因破產自殺，留下一個破碎的家。我和三哥都收到從成都發來的電報。他主動地表示既然大哥留下的擔子需要人來挑，就讓他來挑吧。他答應按月寄款回家，從來不曾失過信，一直到抗戰爆發的時候。去年我的侄兒還回憶起成都家中人每月收到匯款的情況。」[23]

巴金的侄子李致的回憶是這樣的，「當時，我們家庭成員一共十一人，兩個姑姑和兩個叔父，我母親，四個姐姐和我。三爸的匯款，每月按時從天津寄來。我愛在院子外面玩，郵差送匯款單來，總是我最早發現。匯款偶爾也會有遲到的時候。這首先使祖母著急，坐立不安，以致全家籠罩著一種擔憂的氣氛，連我都不敢過份調皮。」[24]

這種狀況一直到抗戰。抗戰時期，天津和四川聯繫中斷，李堯林的匯款便沒有了，巴金老家一家人生活無著。一大家人一分為二，各自回娘家住。李致的母親給人繪畫、刺繡為生。到了一九四一年和一九四二年巴金兩次回家，便承擔起一家人的重擔。加之巴金的弟弟等也開始工作，分散的一家又合到了一起。

同時，這個時期，巴金還承擔了李致去高崎初中住讀的費用，這所初中的費用比較高。但巴金還是承擔了。

一九四三年四月到九月，巴金寫完了「抗戰三部曲」中的最後一部，《火》的第三部。和前兩部不一樣的是，這一本中，巴金寫了「陰暗面」，而不完全是宣傳。

（五）

一九四四年五月一日，蕭珊和巴金決定結婚。此時巴金已經四十歲了，而蕭珊只有二十七歲。

巴金在當時早已是著名作家，加之在抗戰的後方桂林雲集了很多文人學者。如果在這種日子裏，有某位名流結婚，那自然是無比的熱鬧，結婚是一種在困苦的日子裡最值得慶祝的藉口。

但巴金不喜歡熱鬧，也不善交際。他托小弟李濟生印了一份「旅行結婚」的通知，分發親朋，就與蕭珊踏上了行程。

他們來到了貴陽，之所以選擇貴陽，李存光在《巴金傳》裏分析，這與兩人婚後的計畫有關，貴陽恰好處於重慶、昆明和桂林的中間地帶，無論返回哪裡都很方便，另一方面，「可能與巴金一九四二年三月到貴陽時留下的印象有關」，當時巴金來到這裏，對這裏的美麗景色很是欣賞。但是，因為走的匆忙，巴金未曾到風景更為秀麗的花溪，而這次旅行，巴金選擇了花溪。

五月八日，巴金來到了花溪的「小憩」旅館。巴金後來回憶，「我們結婚那天晚上，在鎮上小飯館裏要了一份清燉雞和兩樣小菜，我們兩個在暗淡的燈光下從容地夾菜，碰杯，吃完晚飯，散著步回到賓館。賓館裏，我們在一盞清油燈的微光下談著過去的事情和未來的日子。我們當時的打算是這樣，蕭珊去四川旅遊，我留桂林繼續寫作，並安排我們婚後的生活。我們談著、談著，感到寧靜的幸福。四周沒有一個人語，但是溪水流得很急，整夜都是水，聲音大。有不少的精力和感情，需要把它們消耗。我準備寫幾部長篇或者中篇小說。」[25]

「我們在花溪住了兩三天，又在貴陽住了兩三天。然後我拿著我舅父的介紹信買到郵車的票子。我送蕭珊上了郵車，看著車子開出車場，上了公路，一個人慢慢走回旅館。」[26]

巴金留下，是為了到貴陽的中央醫院治病，而上了郵車的蕭珊則是一個人到巴金在成都老家。巴金的侄女們聽說上海的四嬸要來，覺得蕭珊是富家小姐，害怕住不慣。誰知道這位年輕的四嬸一點都不矯揉造作。她坐下來的第一句話就是，「我爸爸說李先生這麼大年紀還沒有結婚，怕是家裏有大老婆，所以我一定要到李先生老家來看看。」一句話，就把大家逗笑了。[27]

在貴陽的巴金以「黎德瑞」的化名住進貴陽「中央醫院」，動手術治療鼻子。在巴金老家與一家人和睦相處一周之後，蕭珊離開了成都，來到了重慶。當巴金治好鼻子正要出院時，蕭珊的信來了，而且是兩封，要他去重慶。

於是，在七月上旬，巴金來到了重慶，兩人「住在民國路文化生活出版社門市部樓下七八平方米的小屋裏。她托人買了四隻玻璃杯開始組織我們的小家庭，她陪著我經歷了各種艱苦生活。」[28]

（六）

一九四五年八月十四日，巴金聽到日本宣佈無條件投降的消息，當時的巴金和蕭珊正在重慶。當夜，巴金寫了〈一點感想〉，發表在《抗戰文藝》第十卷第六期，稱「只覺得壓在我頭上的一個可怕的夢魘去掉了。一個濃墨的暗夜發白了」，「但是『勝利』兩個字並不能解決我們的一切問題，我們狂歡的太早了」。

對於巴金來說，抗戰勝利，本來可以跟李堯林團聚。但這次見面，將是永別。

一九四一年七月，巴金離開上海。當時跟李堯林通信不斷，但是不到一年半，太平洋戰爭爆發，兩人的通信一下就斷絕了，音信全無。

「日本軍人佔領了上海的『租界』，到處捉人，文化人處境十分危險。我四處打聽，得不到一點真實的消息。謠言很多，令人不安。聽說陸蠡給捉進了日本憲兵隊，也不知是真是假。過了一個較長的時期，我意外地收到三哥一封信，信很短，只是報告平安，但從字裏行間也看得出日軍鐵蹄下文化人的生活。這封信在路上走了相當久，終於到了我眼前。我等待著第二封信，但不久我便離開了桂林，以後也沒有能回去。」[29]

而此刻抗戰勝利，又與三哥取得了聯繫，蕭珊懷孕，這本都很令人高興的事。但巴金卻無法返回上海。

巴金打電報到上海，「三哥回電說他大病初愈，陸蠡下落不明，要我馬上去滬。我各處奔走，找不到交通工具，過了兩個多月才趕回上海，可是他在兩天之前又病倒在床上了。我搭一張帆布床睡在他旁邊。據說他病不重，只是體力差，需要休養。」[30]

此時的蕭珊已經不便遠足，只好留在重慶待產。巴金一個人先回到了上海。

但是，未久，李堯林自己說：「我覺得體力不行了」，「還是早點進醫院吧」，巴金找朋友幫忙，一起將三哥送到醫院。

七天之後，李堯林便離開了人世。巴金埋葬了最親愛的三哥，匆匆趕回重慶。

三個多星期後，蕭珊生下一女，為了紀念剛去世的三哥堯林，巴金給女兒取名「小林」。

根據柯靈所作《巴金的世界》。一九四四年巴金與蕭珊結婚的時候，蕭珊的母親在兩人離開上海後便病逝了。而他的弟弟在抗戰的初期就去了延安。

抗戰勝利後，蕭珊要去寧波看望獨居的父親，這是結了婚的蕭珊第一次回門。但是巴金卻沒有能夠同行。

因為此時，剛剛回到上海的巴金，經常要工作到深夜，蕭珊想，以後可以接父親到上海住在一起，見面的時候很多。只是帶著女兒小林，跟自己的一位表弟一起回了寧波。[31]

（七）

蕭珊去世後六年，巴金寫〈懷念蕭珊〉。

在那些年代，每當我落在困苦的境地裏、朋友們各奔前程的時候，她總是親切地在我耳邊說：「不要難過，我不會離開你，我在你的身邊。」的確，只有她最後一次進手術室之前她才說過這樣一句：「我們要分別了。」

「她是我生命的一部分，她的骨灰裏有我的淚和血」，「等到我永遠閉上眼睛，就讓我的骨灰同她的摻和在一起」。

二〇〇五年十月一七日，巴金在上海逝世，享年一百零一歲。遵從巴金生前願望，兩人的骨灰被混合在一起，撒入東海。

註釋

1 巴金，〈懷念蕭珊〉。
2 巴金，〈短簡〉。
3 巴金，〈把心交給讀者〉，《隨想錄》，北京三聯書店一九八七年版。
4 彭新琪，《巴金的世界：親情・友情・愛情》，寧夏人民出版社，一九九七年，三四頁。
5 彭新琪，《巴金的世界：親情・友情・愛情》，寧夏人民出版社，一九九七年，三五頁。
6 彭新琪，《巴金的世界：親情・友情・愛情》，寧夏人民出版社，一九九七年，三五頁。
7 彭新琪，《巴金的世界：親情・友情・愛情》，寧夏人民出版社，一九九七年，六四頁。
8 巴金，〈懷念蕭珊〉，《隨想錄》，北京三聯書店一九八七年版。
9 彭新琪，《巴金的世界：親情・友情・愛情》，寧夏人民出版社，一九九七年，三五頁。
10 巴金，我的哥哥李堯林，《隨想錄》。
11 我的哥哥李饒林，《隨想錄》。

12 我的哥哥李饒林，《隨想錄》。
13 巴金，關於《火》。
14 李存光，巴金傳，北京十月文藝出版社一九九四年十二月版，二十五頁。
15 巴金，我的老家，《隨想錄》。
16 巴金，愛爾克的燈光。
17 巴金，愛爾克的燈光。
18 巴金，我的老家，《隨想錄》。
19 李致，《我的四爸巴金》，中國華僑出版社，二〇〇九年十月，二十頁。
20 李存光，巴金傳，北京十月文藝出版社一九九四年十二月版，二〇九頁。
21 巴金，關於《火》。
22 巴金，知識份子，《隨想錄》。
23 巴金，我的哥哥李饒林，《隨想錄》。
24 李致，《我的四爸巴金》，中國華僑出版社，二〇〇九年十月，一六三頁。
25 巴金，關於《第四病室》。
26 巴金，關於《第四病室》。
27 彭新琪，《巴金的世界：親情・友情・愛情》，寧夏人民出版社，一九九七年，二十五頁。
28 巴金，《懷念蕭珊》。
29 巴金，我的哥哥李堯林，《隨想錄》。
30 巴金，我的哥哥李堯林，《隨想錄》。
31 彭新琪，《巴金的世界：親情・友情・愛情》，寧夏人民出版社，一九九七年，二十七頁。

我有創傷君有淚

——《胡風回憶錄》裏的抗戰生活

一九四五年，抗戰勝利，胡風寫了一首詩，其中的一句是「我有創傷君有淚」。這句詩似乎是胡風在抗戰中的一個寫照。

抗戰一開始，他與梅志以及兩個孩子離開了上海，奔赴武漢，而後重慶、香港，最後回到重慶，期間遭際自是不必多言。

這期間，抗戰中出生的女兒曉風被留在上海的一家托兒所長達四年之久。胡風要養活一大家子二十幾口人的生活。而他的父親在離開土地，逃難的途中去世，這讓他很是內疚。

而與其他作家的感情生活所不同的是，梅志堪稱是所有作家文人伴侶的榜樣，他們一生相濡以沫，從未曾離棄，無論是在抗戰中，還是在建國後的胡風事件中，梅志從來都是如此，這是很多大難當頭，勞燕分飛的夫妻所沒有的。

一九九三年，人民文學出版社出版了《胡風回憶錄》，這本書是胡風女兒曉風根據胡風在《新文學史料》上的回憶連載而整理編輯而成。當事人的回憶往往是第一手的資料，所以本文的所有資料都來自於這本書，其它的只是一些佐證。

（一）

胡風與梅志的相識是在一九三三年。當時，胡風剛剛被日本遣送回國。

初次見面，是在一九三三年六月一天下午，在韓起家的樓上，老友樓適夷前來拜訪，背後跟著一個小姑娘，「穿的是淡藍布的短旗袍、短髮，顯得很精神」。這是胡風第一次見到梅志。此前，他只是聽韓起提起過梅志，但沒有見過。

梅志來是為了幫助自己的「左聯」的友人鍾潛九尋找經濟援助，此時鍾被捕入獄，急需經濟援助。

梅志原來在滬西區左聯小組，後來因失業搬回到市南區的家中，她想找胡風幫她調去。於是，胡風把梅志編在了法市區，韓起提議讓梅志做油印，但梅志稱自己字寫的不好，幹不了。胡風則「因她到了我的住處，後來她應我的要求有時來看我，暫時就由我領導，幫助她學習，彼此有了感情。」[1]

一九三三年的十二月，梅志和胡風結婚。此時，他們認識不過六月。婚後一月，梅志懷孕。胡風害怕生活上拖不起，影響工作，就讓梅志去打胎。但是，「先用打聽來的單方，無效，後到魯迅介紹的日本人開的醫院去動手術，但沒有成功。」醫院要休息一天後再去。但胡風看到手術後，覺得很殘酷，於是作罷。[2]

到了四年之後，七七事變發生的時候，胡風正打算回家，「家裏來信，說父親病重，急於想見一面。離家十年多了，因為擔心國民黨和土豪報復惹麻煩，一直沒有回去過」，而胡風在上海，「尤其是近兩年，弄的疲憊不堪，就決定回鄉一次」。

胡風剛剛買好船票後，沒想到戰爭就打起來了。他「預感到大的變化就要到了，想先把M和兒子曉谷送到鄉下住些時再看。」[3]

害怕被別人在縣城認出，胡風讓自己的哥哥駕一隻小船，在河邊等他。就這樣，離家十年的胡風回了家。其實，父親的病倒不是多麼嚴重，現在想來，應該是思子心切。在家裏，胡風去看了自己的譜堂，還帶著妻子去看了自己母親的墳。六七天後，梅志等留在了鄉下，胡風一個人回到了上海。

此時的上海，已經是一片戰爭的海洋。雖然將要面臨流離、流血甚至是死亡。但是，胡風「所接觸到的人都是興奮的」，文化界組織活動，還有人興奮的寫了詩。甚至，在八月十二日，胡風去看話劇，竟發現「人心被戰爭所吸引，幾乎沒有買票的觀眾」。[4]散戲後，有人跟胡風一起去看閘北，他所看到的，只是「一片寂靜，好像居民都避走了似地」。

「八月十三日下午，大炮響了起來，感到十分興奮」，這天夜裏，周建人來找胡風閒談，所談的內容也是能不能擔起來。但最後，他們的觀點是一致的，他們「都認為，打響了，絕不會終止」。[5]當天夜裏，胡風還寫了日記，但是很多時候只能用隱語，這種情況一直持續到一九四八年底。這也造成了胡風日記的不好解讀，難以理解。

到了第二天，胡風去外灘看空戰，和他散戲後看閘北一樣，也是很平靜，「人群流動，在飛機聲和炸彈聲中毫無慌亂表現。」但是，他離開英租界不遠，就落下了一枚炸彈，在到大世界前的十幾分鐘，也有炸彈落下，死傷肯定是不可避免了。

這種時候，胡風的心情是激動的，甚至懷疑會不會真打起來，「沉浸在興奮和激動裏面。在家裏坐不住，每天，到朋友處交換快樂的心情和看法」，甚至在夜間跑到陽臺上去看空戰。[6]

雜誌都停了，於是他們自己辦了一本刊物，就是《七月》，但僅出三期，到九月二十五日，便在上海停刊了。

胡風打算去武漢辦這本雜誌，當時「端木蕻良臨時沒有住處，讓他在我家住了幾天。和我同時離開了上海」。

一九三七年的十月一日，胡風到達武漢。

（二）

在武漢，胡風除了籌備《七月》的出版，就是籌備魯迅的去世周年紀念。

到了十一月，梅志母子被胡風的二哥張名水送到武漢團聚。很快，新年要來了，一九三八年一月份，家人希望胡風一家能夠回家過年，並看望病中的父親。但是胡風由於不想讓《七月》中間停刊，而讓梅志母子又回到了鄉下。胡風一直到春天的時候才抽空回了趟家。

及至武漢的局勢越來越緊，胡風讓梅志跟孩子隨同他人到了宜都，但胡風卻沒有走，「仍在此地忙於編輯和翻譯」[7]。到了八月份，日軍的飛機就成群結隊的到武漢來轟炸，胡風依舊在轟戰中寫了〈民族戰爭中的帝國主義〉。

一九三八年八月十二日，胡風住的地方被炸，「廚房三間被炸壞，書房飛進了一屋的土，我的我房門鎖都被震壞，圍牆也坍了。看情形是不能在這兒再住了。」

第二天早晨，躲過炸彈襲擊的胡風過江，到三教街，見到蕭紅，「才知道蕭紅至今還未走成，端木將她一個人留下自顧自先走了。她身體已顯笨重了，一個孕婦無人照管，怎麼行呢？問她有什麼困難，她說將隨乃超夫人一道撤退，我才放了心。」[8]

胡風也無家可歸了，但是胡風的父兄和其他親人已經來到了武漢。「我本著一片愛國心，不願將他們留在即將成為淪陷區的家鄉，希望他們撤退到M住的鄂西去。」胡風將他的父親、繼母等人送到了梅志所在的鄂西，一個人又回到武漢，但是也在做著撤離的準備。

當時，胡風原本以為戰爭一兩年就會結束，誰知道胡風的父親「一兩年後病死他鄉，全家只好再做難民逃回家鄉」。[9]在回憶錄裏，胡風還分析了造成這種悲劇的兩個原因，一個是農民離開土地後不知道如何生活，生活不習慣，另一個是他沒有想到，國民黨的不抵抗。

一九三八年九月二十八日，胡風坐船離開了武漢，前往梅志在的宜都，臨行前去給孩子們買了些禮物，「好像我是去過太平的鄉居生活似地」。[10]

十月四日上午，胡風到達宜都，但是接著就病倒了。因而嚇壞了梅志，好在胡風好得很快。孩子們拿著胡風送的玩具，看著孩子們「好奇、雪亮」的眼睛，這讓胡風感到「十分的愉快」。胡風住在租住的房子裏，空氣和光線都不好，衛生更是無從談起，蒼蠅一片黑，一拍子能打死十多個。

但一家人算是團聚了，胡風能聽見父親對自己孫輩的訓話，「那兩個大點的侄兒侄女只是搭拉著眼皮低著頭，一聲不響，小點的就在一旁嬉笑，誰也沒有在聽爺爺的話。氣的父親吹鬍子瞪眼，大罵都是些沒出息的東西，白給你們飯吃了。」[11]

雖然家裏老人在訓話，但如果沒有戰爭，這該是一副很有溫情的家居圖景。而對於老人來說，更是一種天倫之樂。胡風此時已經有十年沒有回家，這種場景該是十分的溫馨。而現在是戰爭了，連附近祠堂裏流亡的教員每個月都只有五塊錢的生活費。

胡風從報上得知家鄉已經失守，但因為沒有大哥的音信，胡風也不敢將這個消息告訴父親。武漢三鎮也起了戰火，好在收到胡風大哥的家書，才放下心來。一直到十月三十日，胡風才等到了他的大哥。

此時，老舍和伍蠡甫給胡風打電報，約他去復旦大學教書，月薪百元。胡風只好去了。

雖有天倫之樂，但此刻胡風面臨的境況是很艱難的：「十來口老弱病殘，有的是從來沒有出過門的婦女。二哥是從來沒有離開過土地的農民，……老四雖然能幹卻又不務正業。」「全家二十一口人，得分兩波吃飯。兩嫂子各人身上抱著一個一歲多的孩子，大嫂的小女兒長的胖乎乎的，二嫂的骨瘦如柴可是個小男孩，一問，說痾痢已經一兩個月了。」[12]

得了痢疾是不能吃油膩的東西的，但梅志卻在廚房看到二嫂在餵孩子吃豬油拌飯，於是匆忙制止，誰知道二嫂以為要餓死她的孩子。免不了一陣哭鬧。

梅志帶著孩子們去看病，一問，幾乎每人都出了問題，「侄女要看耳朵，四弟妹要看眼睛，又一侄兒要看瘡。四弟妹的眼睛，由於重砂眼，已經快雙目失明了，沒法帶去看。」[13]醫院診治的結果自然是生活不良和不講衛生所致，但家人卻不相信，說「我們家又沒餓著他們，我們家還不乾淨？西醫總是這麼說的……」

老舍他們又來催。胡風決定跟梅志以及曉谷去重慶。臨走，梅志取下手上的金戒指，交了出來。這是胡風在離開武漢的時候花二十多塊錢買的，害怕萬一與梅志分離，「不能照顧她，可以做她的生活用度」，梅志還將保留的幾塊銀元也交了出來。但是「父親收了銀元，不肯要那金戒指，說留給曉谷訂婚用。」[14]

就這樣，在一九三八年十一月十日，胡風和家人團聚後不久，就離開了宜都，前往重慶。世道並不太平，兵匪一家。胡風的大哥送他上船，卻挨了士兵的巴掌，而胡風也差點被打。胡風後來說，「我們如果有時間再說什麼話，一定會抱頭痛哭的。我從此就再也沒能見到大哥！」[15]這也竟成了死別。

而這一路，船票並不好買。胡風著急的是，當時梅志懷孕已有八月，如果再不抓緊到達目的地，情況會很危險。好在胡風最終買到了民生公司最大的輪船民本號的船票。

後來，胡風在回憶文章中對民生公司的船很是稱讚，「民生公司是以服務周到，沒有一般輪船的積習而出名的」。其他公司的船用的都是不付工資的茶房服務，這樣的茶房只能從乘客的身上盤剝，而民生公司不是如此。

到了二十日，胡風在萬縣下船的時候，民生公司的服務員還幫胡風他們整理行李。「這時我正拿他沒有辦法呢，因為我在鋪蓋裏還得放上換洗衣服等雜物，很難捆好。而在他手裏，用棉被將他們一包，用繩一捆，一個四四方方、有棱角的鋪蓋卷就打好了。他們是經過訓練的，學了一些本領。」這個年輕的服務員還很有禮貌的送胡風他們下了劃子上，並且還不肯收小費。這讓胡風很感慨，「我親身體驗到了民生輪船公司良好的服務態度和經營方針，如果不是戰爭，他一定能夠擊敗外商的輪船公司。」[16]

當時，胡風買的是三層上的官艙，但這裏的官艙和其他家的船很是不同，「裏面床上鋪著雪白的床單和枕頭，小桌上放了茶壺茶杯，井井有條，非常整潔」，這讓梅志以及孩子們能夠得到很好的休息。但是，除了孩子們，胡風和梅志的心裏並不好受。前程茫茫，又是戰亂，人如飄萍。

在萬縣，船票就不好買。只好找到一封給穿上無線電員的介紹信，上船後再補票。這個時候，梅志的肚子已經很大，爬上三層的甲板已經相當吃力。下面的人托著，上面的人用手拉。梅志還得用肚子靠著船舷翻上來。因為沒有票，最後只能住在船頭的甲板上，雖然一面靠牆，但時間「已是初冬了，刮起風來夠冷的。」大家都在逃難，連吃的都很困難。廁所裏面都住滿了人，為了爭廁所，都打了起來。

十二月二十日，胡風一行終於到了重慶。

（三）

胡風一到重慶，就有些不適應。

首先是飯菜，川人嗜辣，他們到旅館裏吃晚飯，就發現，菜是辣的，並且米飯也很硬。這樣的飯菜，大人有些時候還可以承受，而跟著他們的孩子則很難下嚥。更何況孩子才只有四歲。

其次是居住條件。胡風一家最先是住在旅館裏。戰時的重慶旅館裏住著很多長住的客人，這裏交通方便，但是也很噪雜，不到半夜，安靜不下來。

胡風每週還要早起，去北碚的復旦大學上課，每週胡風要上六節課，「第二天下午或者第三天一早再趕回重慶來。在嘉陵江上來回的小船很難坐，有時去了船剛開走，就得等第二班，有時大霧濛濛船不能開，又得等。常常是趕到那兒已是下午，上了兩節課，第二天再上三四節。」[17]雖然，每天胡風都是四五點鐘就已經起床。

文學院院長吳蠡甫給胡風開了一門叫做「創作論」的課程。此外，他還要教三個小時的日語。按照胡風的回憶，這門「創作論」應該是選修課，但很受學生們的歡迎。胡風在在回憶錄裏是這樣寫的，「選『創作論』的學生很多，來聽課的就更多，經常有四十來人」。學生們還有一個叫做「抗戰文藝習作會」的組織，他們邀請胡風去講話，胡風講了《抗戰後的文藝動向》。很受學生們的歡迎，後來還經常邀請胡風去參加他們的座談會，「每次都到學生四五十人，是一些愛好文藝要求進步的學生。」[18]

在復旦，最初胡風動身前，說的月薪百元。不知何故，後來胡風回憶錄裏記載，教書的確切費用是每月四八元。這些錢「連我們自己都很難維持」，更何況，在宜都胡風還有一家老小要維持。恰好此時，國際宣傳處搬到了重慶，他們要給胡風一個特派員的名義，月薪是復旦教書的三倍還多，一百六十元，這是個不小的數字。胡風提出「只能做半天工，一周還得去復旦兩天，當然，交下的工作我會利用晚上的時間來補上。」[19]好在，對於胡風的這個要求，國際宣傳處答應了。

如此一來，胡風每個月有二百多元的收入，對於生活的改善來說，是不必說的。更何況，在國際宣傳處，胡風「可以看到日本新出的報刊，瞭解日本的進步文化活動，同時工作也並不多，只要為對敵宣傳廣播寫寫稿，或看看別人的稿，譯點有參考價值的資料。」[20]

住在旅館在總不是辦法，胡風得馬上找房子，前面說了，在旅館裏，吃飯是個問題，太辣，孩子根本吃不下，需要自己開灶。還有，旅館裏太吵鬧，而胡風這兩份工作，無論是學校的備課以及特派員的寫稿，都需要安靜。再者，胡風每週還要早起，趕往復旦大學。更重要的是，梅志去醫院檢查身體，醫生告訴他，預產期可能在一月底，「總不能讓她在旅館裏坐月子吧」[21]。

新年到了，除夕夜，胡風從北碚趕回城裏。「想到孩子真可憐，病在旅館裏，就低頭拾了幾粒圓的小石頭，算是給他的新年禮物了。」

房子很是難找，胡風想盡了一切辦法都沒有找到。但孩子卻要出生了。

胡風叫了出租汽車送梅志去江蘇醫院，但醫院竟然沒有了床位，連過道都已經擺滿了病床。醫院讓去重慶寬仁醫院看看，結果與江蘇醫院一樣，也已經沒有了床位。看門的人甚至告訴胡風，有一個產婦，孩子生在了滑竿上，醫院給收拾了一下就讓離開了。看門人告訴胡風去一家私人醫院，這個醫院裏倒是沒有人，但是新搬來的，一天要兩元錢，梅志堅決不肯住。他們只好回到了江蘇醫院，懇求醫生，能不能看在同鄉的面上，自己支一張帆布床。但是醫院不答應，害怕出了事故負不了責。

最後的結果是，有個女醫生讓他們回了旅館，在旅館裏生下了孩子。生孩子的時候，警報大作，敵機又來轟炸，醫生嚇得聯手都不洗就要走，最後還是胡風勸住了，胡風給了醫生五元的接生費，並答應多來看望。在警報聲中，旅館忽然變得出奇的安靜，連警報的聲音都沒有了，胡風覺得「我不能離開剛生下孩子的產婦，她可能是剛才使了太大的勁，現在是那麼地平靜，簡直好像沒有聽到飛機的轟鳴似地，完全沉浸在做母親的幸福中了。」胡風坐在梅志的身旁，緊緊的握著梅志的手，「想著，要是被炸中了，就死在一起吧。」[22]

梅志生產，連一頓好的飯都沒吃上。胡風晚上到池田的家裏，借了七十塊錢，但是回來的時候，店鋪都已關門，只好在一家小雜貨店裏買了一包餅乾，當做產婦的晚餐。忙了一天，胡風第二天十點才醒，「趕快去冠生園買了奶油圓麵包，算是給她這產婦唯一的食物」。

若是在平常日子，產婦是要坐月子到滿月的，這個期間更是不能沾到涼水的。但是，生產後的第三天，梅志就下床了，「親自洗尿布。因為那位女工嫌髒不肯洗，說洗了吃不下飯，告訴她會給她錢的，她仍然不樂意。」產婦要吃的好一點，梅志也沒有，「吃的只是蜜糖重雞蛋花泡麵包」，有時候胡風忙得忘了買麵包，梅志還「不得不吞吃旅館的硬飯和帶辣椒的菜」。這給後來的梅志落下了胃病的病根。梅志自己感歎，「我比一頭母牛都不如呀！好東西吃不著，有時還得挨餓，但是每天的奶水，孩子還吃不完。」[23]

這還不算，旅館裏老鼠多，孩子出生的第十天，半夜裏，竟然被老鼠咬了，「鼻子上、嘴唇上、左耳朵上都被咬了，在不停地流血，臉頰上還被鼠爪子劃破了不少的傷痕。」[24]老鼠有毒，胡風嚇得跑到江蘇醫院去看，但沒想到醫生根本就不著急，事不關己，只用藥水洗了傷口，擦了些紅藥水。胡風請他們擦些藥膏，但醫生告訴他們沒有藥膏可擦。

旅館實在是不能住了，胡風去找周璧光，終於住進了一間閣樓裏。如此，胡風總算是有了一個在戰時重慶的家。

有了家，產後剛半月的梅志就開始忙家務。這樣，胡風依舊去上課，還沒出滿月的梅志跟胡風一起去麵館吃麵，然後就抱著女兒領著兒子，為胡風站隊買票，而胡風趁著這個間隙去忙一些其他的事情。

終於，一天胡風從北碚回來，梅志告訴他，「她的腿關節疼得幾乎打不彎來，好容易才出去買了早點。在買早點時，她遇到一個湖北婦女介紹一個小姑娘可以幫我們做家務」，這個小姑娘也是跟隨兄嫂從武漢逃難而來。小姑娘的兄嫂本來就有一堆孩子，加上吃穿都貴，就有些嫌棄她，小姑娘於是托人來找工作。於是，胡風一家又多了一個人。[25]但是，後來，這個小姑娘被她的嫂嫂叫走了，因為在外面做工，丟她嫂嫂的人。小姑娘則說，是因為她在外做工，而她嫂嫂要打麻將不願意做飯帶孩子，才讓她回去。

新年要到了，胡風一家卻沒有過年的心情和新氣象，孩子們沒有新衣服，甚至連糖果都沒有。鄰家在熱鬧的慶祝著新年，忙著拜年，而胡風一家顯得有些落寞，胡風寫道，「好在我們躲在這閣樓上，自成一統與他們無關」。[26]

當然，也有人到來，他們的侄女以及侄女婿來看他們，幾個外國專家甚至給了孩子一把銅元，讓他去買爆竹，還給孩子們買了桔子。有在報社工作的朋友來探望，胡風留他們吃晚飯，在回憶錄中對這餐飯的記錄很是詳細，甚至記得「菜不多，梅志買了一隻薰兔，倒是很好的下酒菜，所以大家吃喝得也很高興」。末了，他還不忘加一句，「這一九三九年春節的晚餐，我至今還沒有忘記。」[27]

日子似乎回到了正常的狀態，胡風寫文章、上課，家裏還有兩個孩子，雖然艱難，但在戰時也算是平靜。卻有一天，胡風收到了重慶衛戍司令部傳訊的條子，雖然最終是個誤會。但是，後來，有人告訴胡風，「這件事並不是沒有來頭的。他們是想恐嚇我，讓我少說話少寫文章。」[28]

（四）

在重慶的胡風，除了教書，還給《新華日報》、《新民報》等寫一些文章，因為太忙，有時候的稿子都會拖著。但胡風心裏還有自己「最著急要辦的事，是繼續編《七月》雜誌」。

但是，這個時候，編一本雜誌很是不易，這其中，經濟因素還是很重要的，生活書店直接告訴胡風，他們不出。而有一些出版人和出版機構雖然答應嘗試，但最後依舊是「不夠成本」。最後，找到了浙江商人唐性天，唐同意出，但是條件很是苛刻，「整個刊物一期只百元，除了稿費，我所得無幾」[29]，胡風等於替出版商白編雜誌了，但為了雜誌復刊，胡風還是接受了這個苛刻的條件。

胡風在回憶錄裏，對於圍繞《七月》出版所產生的經濟問題，一直很在意。在雜誌出版了四期之後，雜誌賣的不錯，胡風這樣寫道，「而老闆又要加《七月》的定價了。對稿費他可小氣得很，從來不說價錢的話」，雖然「同這種老闆合作，真夠不愉快的，完全的商人加市儈」，不過優勢在於，這老闆在胡風看來「好在糊塗，對稿子沒有提過什麼意見，不曾有過留難。」[30]

看得出來，胡風對於雜誌的出版是有意見，甚至覺得「不痛快、彆扭」的。比如，後來，他曾將《七月》的第四集做了合訂本出版，銷路不錯。所以，唐老闆將雜誌換了印刷廠，但是大的印刷廠不會為雜誌趕時間。「何況老闆又總是打小算盤，捨不得多花錢」。又一次，在唐那裏吃飯，兩個人就吵了起來。其實，唐的話也有道理，唐告訴胡風，「賺得並不多，還要擔風險，萬一全部沒收不就全賠了？」當然，醉酒後的唐老闆還說了一些「不能為胡風蝕本」一類「很難聽的話。」[31]

隨著時間的推移，戰爭的空氣驟然緊張，重慶也開始遭受到了轟炸。

胡風把一九三九年的五月稱為「重慶多難的日子」。在他的記錄裏，五月三日，日軍開始轟炸，雖然開始並不緊張，梅志甚至還在給小女兒曉風洗澡，強迫大孩子去睡覺。但最終還是跑到了防空洞中，這次轟炸「市區被炸的地方很多，過體育場時還看到三具屍體」。第二天，轟炸繼續，到了七點多，警報解除的時候，胡風發現，「市區火焰甚高，天上的月亮都被遮沒了。不知炸了燒了多少房屋」，但不久，警報又來了……接下來的時間，轟炸頻繁，幾乎每隔一天，就能在胡風的回憶錄裏見到防空警報拉響的記錄。這場轟炸幾乎持續了半個月，一直到十三日之後，才因為天氣的原因，而漸漸的少了起來。但是，「這個五月，重慶是在大轟炸的災難中度過的。被炸死的在萬人以上，被炸毀的房屋那是無法計算的。」

不過，在這個被日軍轟炸的五月，對於胡風來說，還是很有意義的。「《七月》的副刊不但有了出版的地方，還得到了周副主席的贊助，並且他決定要我仍舊留在重慶，我在重慶的工作也是整個革命中作的一部分。這使我感到欣慰。」[32]胡風之所以這樣寫，是因為在這一月裏，他還曾經收到過周揚的口信，周揚請胡風去做延安魯迅藝術學院的中文系主任，胡風在猶豫是否去。

但在同一天，也就是五月二十五日，周恩來約見了他，並表示不一定非到延安，在國民黨地區也需要能公開出面的人。胡風就是為此而感到欣慰。

（五）

一九三九年六月，胡風要參加全國慰問抗戰將士的代表團。

胡風一家搬到了北碚，住在帥家壩的兩間小屋裏。一年的房租是九十元。這兩間房子，「過去，一間是廚房，一間是羊欄，現在隔壁還是另一家的豬圈。夜晚，只聽見豬叫聲，並傳過來一陣陣的豬潲泔水和豬屎尿的臭味。M和孩子們住在這裏，真太可憐了。但我不但不能給她們什麼幫助，甚至還未能將她們安置好又趕船回重慶去了。」[33]

後來，胡風的痔瘡犯了，不能隨團準時出發。胡風住在了北碚的家裏，才知道了梅志帶著兩個孩子是在怎樣惡劣的環境之中，「這屋潮濕的很，屋頂還掉一種叫瓦蝨子的毛蟲，所以連午睡時都不敢把小女兒放在小床上，夜晚就更不敢了，M害怕耗子和蛇來咬她。大兒子雖然一個人睡在帆布床上，掛上了蚊帳，但M每天晚上都要起來摸摸他看看他，生怕被什麼咬了。」[34]利用在家養病的間隙，胡風買了竹席，將屋頂給訂了起來，這樣能防止掉蟲子，還把外屋隔出了一間。他們還在北碚照相館裏照了一張相，這應該就是我們所慣常所見到的胡風與梅志以及兩個孩子的那張照片了。

雖然醫生說胡風的痔瘡已經可以出行了，但是，胡風卻一直沒有機會得以去參加慰問代表團。他依舊在過著編刊物，教書，寫文章的生活。收入的一部分要寄給同樣逃難出來的父親以及一家老小。他的大哥來信，說是已經有難民開始返鄉，他們也想回去。胡風想，「本來，農民離開土地，離開了土生土長的家鄉，是很難生活也生活不慣的」。於是，胡風就預支了二三百元給他們，讓他作為回去的路費。但是，在返鄉的路上，胡風的父親終於病倒，並病故了，十天後，他的繼母也去世了。本來，胡風叫家裏人出來逃難是為了不讓家人做亡國奴，可未曾想，父親和繼母都客死他鄉。胡風在回憶錄裏十分悲痛，並歸結到了國民黨的身上，稱「這是我的沒有果斷和對國民黨抗日救國的輕信，犧牲了老人」。[35]

胡風一直對自己的兄弟很是關切，但是他同時也一再的認為，「農民是不能離開土地的，我當時錯就錯在以為大哥那麼能幹，在外面總可以做點小買賣求得生活的。」[36]

一九三九年冬天的這個新年，胡風在重慶，過得倒是比去年要好一些。重慶又稱霧都，大霧天氣是最不適合飛機飛行的，所以，這個時節裏，重慶得到了暫時的喘息。

過年的時候到了，剛剛加了工資的胡風此時的境況比上一個春節困居旅館要好的多。去年出生的曉風已有一歲多，可以叫爸爸了，這讓胡風很是欣慰。而大的孩子也快五歲了，胡風也在考慮孩子的教育問題。

而一家四口在戰火中的新年過的倒像一回事。胡風的記錄裏，菜也比較豐盛「有臘肉、香腸可以下酒，還有雞和肉，就是沒有魚。魚在四川是稀罕物，冬季天冷連小魚也買不著。彭大娘的四川菜做得挺好吃，比去年她女兒做的強多了。」看起來，胡風對於他所任教的復旦大學還是很滿意的，他寫的是，「復旦大學雖然不是闊衙門，但使教授們溫飽暫時還是做得到的，所以大家都在為過年忙碌，真是一派平和景象。」[37]但這種日子對於另外的一些教授們就比較難得。

重慶的大霧季節持續不了太久，到了四五月份，又是日軍轟炸的時間。但現在的轟炸似乎比以前更加的兇狠。

胡風記錄了五月二十七日的一次轟炸，這次轟炸胡風家周圍落下三個炸彈，胡風窗前正對的竹林裏手臂粗的竹子都被彈片攔腰打斷，胡風家的鄰居一個老農婦也被炸死。而在北碚和黃桷鎮則更為慘重，復旦大學文摘社的一位負責人賈開基被炸斷了手臂，而更慘的是復旦的教務長孫寒冰被炸死了，孫寒冰一九四〇年的春天才從香港到達重慶。胡風說孫寒冰，「是名教授之一，歲數不大，很有風度，又和氣，也有思想」。孫寒冰早年赴美國華盛頓大學留學，獲碩士學位後，又入哈佛大學進修。回國後，歷任復旦大學社會科學系主任、勞動大學經濟系主任、暨南大學政治經濟系主任兼教授。曾創辦《文摘》雜誌，並任黎明書局總編輯。他的死讓人很是惋惜。而復旦這次一共被炸死了七位師生。

五月二十八日，胡風一家就躲到了石子山去避難。五天之後的六月三日，他們搬家到了這裏。這是三間獨門獨院的房子，要比原來的那兩間條件要好了些，原來的房子不僅潮濕，還緊挨著豬圈。但這裏也並不是好的地方，房子的後面就是墳地，他們住了沒幾天，就能聞見屍體腐爛的氣味。

但是，世界並不太平，他們住進了的第一天晚上，就被偷了，損失了價值三四百元錢的衣服，好在小偷不敢進門，沒有偷走他們的皮箱。雖然如此，胡風還得收拾文稿去重慶上班，留下老幼婦孺在石子山。

胡風在復旦大學是兼職教授，不是專任教授。到了一九四〇年的時候，復旦改變了對於教授的聘任辦法，雖然胡風還是每週六節課，但是卻規定兼任教授上課要簽到，如果不簽到的話會被扣錢，胡風認為，「這簡直是侮辱和刁難」。[38]而這個時候，有教授放風說胡風加入了國民黨，而有傳言說加入國民黨就可以轉為專任教授。於是，胡風辭職不幹了，他在回憶錄裏表示，「我不能為這五斗米來和學閥黨棍們打交道」，雖然復旦前來對他表示挽留，並說這是一種誤會。但胡風就此失業了。

胡風的下一個職業是在國民黨政治部的文化工作委員會的專任委員，他出任這個職務是周恩來所做的安排。這樣的安排不僅可以讓胡風有了合法的身份，有利於工作，更能與郭沫若等人常見面。還有就是解決了胡風離開國際宣傳處和復旦大學之後的生活問題。這確實解決了胡風的大問題，胡風自己寫道，「幾個月後，糧價飛漲，市上的米不好買，我一家人就靠文工會這幾十斤軍米度日，這時，我才更感到周副主席這一安排對我們是多麼重要啊。」[39]

當然，這並不是說胡風的生活有多麼好，生活依舊艱難，甚至青黃不接。一次有朋友來，梅志很為難的告訴胡風，只有一點肉，做不出什麼菜，好在傭人彭大娘的兒子從田裏捉了兩條大黃鱔，用這兩條黃鱔做了清燉的湯，來招待了客人。米也是如此，只能買黑市的米，胡風家裏的生活非常拮据，平日在家，梅志都把肉和蛋給胡風吃，而自己總是不吃。

（六）

一九四一年二十月三日晚上，胡風在重慶被周恩來約見。

周恩來告訴胡風，要用撤退來表示對國民黨的抗議，同時也是為了保存幹部。在當時，撤出重慶，有兩種選擇，一是去延安，二是去香港或者去新四軍。

而梅志打算去延安，這樣孩子可以進托兒所，而梅志可以參加工作，胡風也可以不再為家裏的生活發愁。

但是三月一七日半夜，周恩來與胡風談話，最後表示，「還是到香港去吧」。[40]四月二十二日夜，周恩來給了胡風一張七星崗莫斯科餐廳去香港辦貨的職員的假期旅行證明，周恩來同時為胡風去香港的路途做了安排，同時讓他去香港後聽廖承志的領導，「由廖佈置我到南洋去，在日本僑民中找一找日共的關係」。但他去了香港後，廖承志並沒有安排胡風去南洋。[41]

四月三十日凌晨，胡風離開了石子山。半夜，周恩來到胡風住處，交給胡風一百元美鈔和若干法幣。七天之後，也就是五月七日的凌晨，胡風一家離開了居住兩年半的重慶，前往香港。

但是，後來的胡風回憶錄中，寫的是一百二十美元。在逃離香港之後，林平政委曾經召集文化人，問誰有外幣，是否可以交出來。胡風是這樣解釋的，「我以為他指的是黨發的避難費，那我沒有。只是在離開重慶時周副主席給我一百二十美元，我們一直沒捨得用。從香港出來時我交給M，她縫在褲腳邊，萬一我們走散了她和兒子能用這錢設法回內地區。再說，國統區情況風雲莫測，還是留著免得受憋。」[42]

一個月後的一九四一年六月九日，胡風一家行程萬里，歷盡艱辛，來到了香港。孫鈿與胡風見面，並給了胡風一百五十元港幣，這讓胡風很感激他的細心。

在香港胡風見到了許多從重慶撤退到這裏的人，比如夏衍、蔡楚生夫婦等都到酒店裏去看望他們。總是不能長久的住在旅館裏，胡風最後租住了西洋菜街一七五號四樓一家姓鄭的後樓裡間。這裏的居住環境並不好，「中午十分悶熱，無法休息和工作。晚上躺在大床上又被臭蟲圍攻，咬得睡不好。在這裏看書都不行，更別說做工作（寫文章）了。」[43]本來胡風一到香港，胡繩就約他為其與鄒韜奮合編的《大眾生活》寫文章，但這種居住環境讓他一個字都寫不出來。

從重慶到香港，言語不通，吃飯也不習慣，孩子們在鄉下生活習慣了，現在屋子裏，連玩的地方都沒有。兩個月後，梅志提出，帶孩子回上海，那裏有梅志的母親和妹妹，可以照顧孩子，梅志也十分的想念她的母親與妹妹。廖承志也來勸他們不要離開，但是梅志覺得不是辦法，「要多花黨的錢於心不安，沒有接受」。

梅志一個人帶著兩個孩子返回上海，胡風送他們上船之時，很是難過，他囑咐只有七歲的大孩子曉谷要照顧好只有三歲的妹妹曉風。轉身下船的時候，胡風流下了眼淚。

梅志回到上海，生活的還算不錯。兒子進了學校，胡風托人帶點港幣給她，梅志還替胡風去看老朋友，幫助朋友校對書稿，她的三妹也結了婚，梅志還經常去看望許廣平。胡風在回憶錄裏稱，「M一點也不寂寞，來信總是表現得很愉快」。

但是，曉谷在上海得了肺病，為了將兩個孩子隔離，梅志打算將曉風留在上海，自己帶曉谷到香港待三四個月。誰知道這一去就是四五年。一直到戰後，胡風與梅志才見到「無意中被遺棄在上海的小女兒」。

（七）

一九四一年十二月一日，梅志到了香港。而七天後，太平洋戰爭爆發了。香港也進入了一片轟炸聲中。二十五日，港軍投降，日本佔領了香港，香港市民所期盼之英國的皇家軍隊並未能保護他們的平安，而原本這裏被視為最後的避風港。香港失守，頓時陷入了一片混亂之中。也是在這場戰爭中，蕭紅去世。

而胡風這個時候和很多困居香港的文化人的心態一樣，那便是返回內地。但由於戰時，他們的身份又如此之敏感。胡風片紙隻字都被要求不能帶走，還要穿著唐裝掩人耳目。一九四二年一月十二日早晨，胡風只帶了一件風衣以及一個裝著給曉谷預備的食物的帆布袋，由九龍進入新界，脫離了日軍的威脅。

從香港到內地的一路，雖然不是很冷，但每個人都疲憊不堪。飯更是幾乎沒有正經的吃，一路還要防備日軍以及偽警巡邏隊的搜查。一直見到了東江游擊縱隊的時候，才吃到了一大碗狗肉，這讓他們覺得這碗狗肉比什麼肉都好吃，特別的香。

到了三月，胡風到達桂林。從一九四二年三月六日到一九四三年三月十四日，胡風在桂林住了整整一年。原本到達桂林之後，胡風的意思是要立刻去重慶的。但是負責人告訴他們，要等重慶方面的決定。

最初是住在旅館裏，但是後來還是要找房子。和別處一樣，桂林的房子依舊十分難找。同行的茅盾住進了廣西文化供應社的宿舍，實際上只是一間廚房。三月十六日，胡風住進了熟人廖庶謙家的後樓，這是一間朝西的木板樓，不大，十幾個平方。這裏的地理位置不錯，在城外，還可以躲避警報，在胡風看來，在這裏躲警報，等待回重慶的消息是很合適的。

這段日子裏，胡風與別人成立了一家南天出版社，胡風做了義務編輯。其實這個出版社的資金非常少，甚至出一本一二十萬字的書都可能讓資金運轉不起來。就只好先從薄本子的詩歌開始。這段時期，因為大量文化人特別是香港文化人的湧入，桂林一下子成了一座文化城，這裏紙張也比較便宜，印廠也多，所以一下子出現了很多刊物。胡風一時間賣文為生基本可以解決個人的生活問題，「除基本能解決一家的用度外，還給留在上海的女兒曉風寄去了二百元。」[44]但是，這些錢，在上海的曉風都沒有收到。胡風後來還是托駱賓基新交的上海女朋友轉了一千塊錢給了曉風所在的托兒所。

因為自己多少有了生活的來源，所以胡風把重慶地下黨所給的一筆不小的生活補助給退了回去，並說明「應留給更困難的人」。

桂林成了文化城，當然也並不是所有的事情都與文化人做的一樣，比如有些作者的權益就得不到有效保障，而魯迅的書也曾被盜印。

在桂林，新年到了，文工會給胡風寄來一千元錢，胡風就與梅志買了幾件舊衣服。胡風自己稱，「我的衣服差不多都是在舊衣攤上買的，做新衣做不起，也沒這必要」。其實，應該主要是做不起。[45]

（八）

一九四三年三月十四日，胡風離開桂林，前往重慶。

回到重慶之後，胡風收到了朱子懿從上海的來信，還有曉風的照片，「孩子長大了，看去身體也還健康」。但是，胡風寄過的錢以及托別人帶過的錢都沒有收到，只有在桂林轉交的那筆錢收到了。

胡風又重新投入到日常工作之中，曉谷也進入政治部辦的子弟小學，開始讀三年級。不久轉到了四年級，與傅抱石的兒子傅小石同學。

回到重慶的生活也並沒有多大的改善。胡風在回憶錄中稱，一九四三年的十二月，他抽空去陪梅志趕場，「下午與她們一道去永興場麵館吃飯，在這裏，這就算是最高的享受了」。

一九四四年的春節要到了，這是胡風一家回到重慶後的第一個春節。但是胡風一家並不好過，「一想起小女兒獨自在上海的托兒所裏過年，心裏就很不好過。尤其是M，由於想念母親和女兒，連覺都睡不好。」[46]他們曾經想盡辦法托人將孩子帶到重慶，但總是辦不到。新年夜，梅志臨睡前歎息地說了她的願望，「希望明年在上海過年」。[47]

這一年裏，胡風忙於開會、寫文章，為新雜誌的出版奔走，有次他回到家中，梅志給了他三張紙的條子，判決胡風「橫暴」。胡風自稱，「我自知有些地方做的不太合適。最近將她的小說稿給『槍斃』了，又不幫她做家務，使她感到自己沒什麼出路，常常抱怨我。」[48]家庭中的不愉快也傳染到孩子身上，曉谷有一次喝粥走了神，將粥灑在了身上，燙傷了。

一九四四年的十一月下旬，梅志忽然在重慶發了瘧疾。「這病，她從抗戰初在湖北時就患過，一直沒斷，不時會發作一次，但一服奎寧片就能好。這次可就不同了，燒不易退，冷得也特別厲害，發冷後接著又發燒，搞得她身體虛弱的很，服了藥也不見效。」[49]胡風請來醫生，吃了大量的藥，也不見效。最後，還是打了一針奎寧，梅志睡了一整夜的覺，第三天才退燒，但是這次生病對梅志的身體健康影響非常大。胡風自己稱，「我和她共同生活十年了，她從未得過大病，這次可算是唯一的一次。」

一九四五年到了，除夕夜，胡風去朋友家吃年夜飯，他淋了雨雪，又喝了幾杯酒，引起痔瘡發作，又咳嗽，很是痛苦。但高興的是，被捕的駱賓基被放了出來，胡風很高興。駱賓基是在香港陪伴蕭紅到最後的人。

一九四五年八月十日夜，日本投降的消息傳來，胡風正在與朋友下棋。他興奮的跑到觀音岩上去看了一會，「只見市民非常激動，很多人在放鞭炮，街上擠滿了人，美軍的吉普車流水似地向城裏鬧市開去。全市在狂歡中。」[50]

一直到了第二年的二月二十五日凌晨，胡風一家才坐上了飛往上海的飛機。

此時，距離他們離開上海已經八年。

他們去接曉風，「見到的是怯生生的神色和瘦弱的孩子，心裏真難受，M終於哭出聲來了」，托兒所的所長還塞給了胡風一個捐款本。[51]

此時，曉風已經七歲了。

18 胡風，《胡風回憶錄》，人民文學出版社，一九九三年十一月第一版，第一四三頁。

19 胡風，《胡風回憶錄》，人民文學出版社，一九九三年十一月第一版，第一四五頁。

20 胡風，《胡風回憶錄》，人民文學出版社，一九九三年十一月第一版，第一四五頁。

21 胡風，《胡風回憶錄》，人民文學出版社，一九九三年十一月第一版，第一四六頁。

22 胡風，《胡風回憶錄》，人民文學出版社，一九九三年十一月第一版，第一四九頁。

23 胡風，《胡風回憶錄》，人民文學出版社，一九九三年十一月第一版，第一五一頁。

24 胡風，《胡風回憶錄》，人民文學出版社，一九九三年十一月第一版，第一五一頁。

25 胡風，《胡風回憶錄》，人民文學出版社，一九九三年十一月第一版，第一五四頁。

26 胡風，《胡風回憶錄》，人民文學出版社，一九九三年十一月第一版，第一五五頁。

27 胡風，《胡風回憶錄》，人民文學出版社，一九九三年十一月第一版，第一五五頁。

28 胡風，《胡風回憶錄》，人民文學出版社，一九九三年十一月第一版，第一五八頁。

29 胡風，《胡風回憶錄》，人民文學出版社，一九九三年十一月第一版，第一五八頁。

30 胡風，《胡風回憶錄》，人民文學出版社，一九九三年十一月第一版，第一八三頁。

31 胡風，《胡風回憶錄》，人民文學出版社，一九九三年十一月第一版，第一九三頁。

32 胡風，《胡風回憶錄》，人民文學出版社，一九九三年十一月第一版，第一六七頁。

33 胡風，《胡風回憶錄》，人民文學出版社，一九九三年十一月第一版，第一七〇頁。

34 胡風，《胡風回憶錄》，人民文學出版社，一九九三年十一月第一版，第一七三頁。

35 胡風，《胡風回憶錄》，人民文學出版社，一九九三年十一月第一版，第一七九頁。

36 胡風，《胡風回憶錄》，人民文學出版社，一九九三年十一月第一版，第一八一頁。

37 胡風，《胡風回憶錄》，人民文學出版社，一九九三年十一月第一版，第一八六頁。

38 胡風，《胡風回憶錄》，人民文學出版社，一九九三年十一月第一版，第二〇二十頁。

39 胡風，《胡風回憶錄》，人民文學出版社，一九九三年十一月第一版，第二〇六頁。

40 胡風，《胡風回憶錄》，人民文學出版社，一九九三年十一月第一版，第二二十一頁。

41 胡風，《胡風回憶錄》，人民文學出版社，一九九三年十一月第一版，第二二十五頁。

42 胡風，《胡風回憶錄》，人民文學出版社，一九九三年十一月第一版，第二六三頁。

43 胡風，《胡風回憶錄》，人民文學出版社，一九九三年十一月第一版，第二四一頁。

44 胡風，《胡風回憶錄》，人民文學出版社，一九九三年十一月第一版，第二七九頁。

45 胡風，《胡風回憶錄》，人民文學出版社，一九九三年十一月第一版，第二八九頁。

46 胡風，《胡風回憶錄》，人民文學出版社，一九九三年十一月第一版，第三二十一頁。

47 胡風，《胡風回憶錄》，人民文學出版社，一九九三年十一月第一版，第三二十二十頁。

48 胡風，《胡風回憶錄》，人民文學出版社，一九九三年十一月第一版，第三三〇頁。

49 胡風，《胡風回憶錄》，人民文學出版社，一九九三年十一月第一版，第三三三頁。

50 胡風，《胡風回憶錄》，人民文學出版社，一九九三年十一月第一版，第三四二十頁。

51 胡風，《胡風回憶錄》，人民文學出版社，一九九三年十一月第一版，第三五九頁。

那永遠學不盡的人生

——抗戰中的沈從文及其選擇

每次看到沈從文晚年的談話，總是提及他的一個職業病——站著說話。沈從文的解釋是這樣他覺得才有力量。

一個坐著寫小說的人，在解放後在歷史博物館做了三十多年的講解員。站著說話，是這三十年生涯留下的一個習慣。

這讓人不禁感歎時勢。時局，影響了沈從文的一生。其實，哪個人的一生不是時局所造成的？而這裏，我們只說沈從文。只說那八年中的流離。

（一）

一九三七，這年，沈從文三十五歲。

時局到底是亂了起來，燒起了戰火，這是沈從文所熟悉的世界。

在去北京之前，沈從文過的就是軍旅生活，但是這種生活在他的回憶中並不好。他對於軍旅歲月的回憶，大多是「一天就是走路，當司令官的也很愚蠢。他殺人莫名其妙，回頭轉來，他又被人家殺」，「我親自看到總共有五千人被殺。」[1]

並且，沈從文的離家赴京，也是起因於對於這種生活的厭倦。一九二十三年，沈從文開始懷疑人生。先是這年裏，他生了一場四十多天的大病。接著是，這年六月，「好友陸弢在一次下河游泳時意外淹死，沈從文由此感到命運的無常，『癡呆想了整整四天後』，決定到北京讀書，『看看我自己來支配一下自己，比讓命運來處置得更合理一點呢還是更糟糕一點』。」

七月下旬，沈從文向陳渠珍提出要到北京去讀書，得到陳渠珍同意，並一次發給他三個月的薪水。在五四運動餘波的推動下，沈從文終於離開這個土著軍隊，從保靖走向北京。

一個月後，沈從文與朋友滿叔遠同行，經過十九天旅程後，從湘西到了北京。「從此便開始進到一個使我永遠無從畢業的學校，來學那課永遠也學不盡的人生了。」[2]

在北平，沈從文成了「蟻族」。「那個時候住在北大附近至少十分之三以上為非北大的學生，有些因各種原因，或者他畢業了，要等到他的愛人、朋友同時畢業，他等在那裡；或者他讀完這個系又換一個系，各種各樣的原因。」沈從文在一九八一年說這段話的時候，還說「反映的是社會當時畢業即失業的問題」。[3]由此來看，歷史過去了九十多年，依舊沒有變化。

在北京，沈從文得益於可以欠債的公寓制度。在北京的冬天，冰冷而凜冽。而初到北京的沈從文家裏燒不起火，於是他就到京師圖書館去，因為那裏「可以烤火，有開水可以喝茶」。[4]

好在，這位湘西少年，在一九二五年開始發表文章，當時得了稿費七毛錢。但他還是很高興，因為他「曉得有出路了」。雖然，他依舊困苦，一年之後的一九二六年八月底，沈從文辭去香山慈幼院圖書館職務後，完全靠寫作為生。

他後來自稱是中國「第一個職業作家，最先的職業作家」。「一個月大約二十塊錢，三十塊錢」，而他的朋友們不是如此，「從美國回來的，都拿四百塊，六百塊」。[5]差距很大，所以只能教書，「沒有學校就活不下去」[6]。一九八一年，七十九歲的沈從文在湖南省博物館，發表了一個演講，期間提起過他的大學老師生涯，幾句話，但還很是謙卑。他稱自己「一九二八年就混到大學教學這一行，教散文——那也是騙人了——教散文習作，一直到解放後我才離開學校。」[7]

自此，沈從文開始了自己傳奇的一生。如果沒有那次離開，也不會有以後的故事發生，或許，他還在湘西的軍隊，做一個下級的軍官，如果不是死在軍閥的混戰中，也許能活到抗日，又或許在抗戰勝利後，死在內戰的炮火下，再往後，就是湘西剿匪了……如果沒有這次離開，沈從文會出現在哪一段呢？

一切都未可知。

（二）

烽火照京都。

沈從文這次還是要「走路」了。

雖然他並不想離開，在給沈雲麓的信中，他還寫道，「我個人意思，絕不與此大城離開，因百二十萬市民與此城共存亡，個人生命殊太小也。」

其實，沈從文所不能捨棄的是這座大城，更重要的是，北平城裏，還有他的嬌妻幼子。此時張兆和產後不久，次子沈虎雛在五月的最後一天出生。按照傳統的習俗，不到「百日」。

時局動盪，嬌妻幼子，在這種情況下奉命離開京城，沈從文可以說是有萬分的不捨和牽掛。

沈從文與張兆和的結合，在文壇上是一段佳話。當年中國公學老師沈從文追求自己的學生張兆和的故事，早就已經被寫作了各種版本，這裏就不需要再次重複了。

當年，沈從文曾跟張兆和說：「如爸爸同意，就早點讓我知道，讓我這鄉下人喝杯甜酒吧。」等父親同意了自己的婚事後，張兆和即拍電報給沈從文：「鄉下人，喝杯甜酒吧。」電報員奇怪，問是什麼意思，兆和不好意思地說：「你甭管，照拍好了。」[8]

但另外的回憶，比如，周有光在《那一場風花雪月的往事》中記述，當時，沈從文托二姐張允和提親。張允和發去了半個字的電報「允」。張兆和不放心，又發去了自己的這個「喝甜酒」的電報。

這段胡適所成就的姻緣讓沈從文喝了一輩子的「甜酒」，三三與二哥之間可謂是相濡以沫，即使是在環境極其惡劣的情況之下。

比如，建國後的一九六九年，沈從文下放咸寧幹校。古人說，寒廬苦竹繞宅生。沈從文下放的地方也很是艱難。他住在一個學校的大教室裏，每天看的是幾個蜘蛛慢慢的長大，當然，透過窗子也可以看到一隻大母羊，還有一些牛，還能看到小女孩梳著小辮子，在抬磚頭或者撿樹葉。

馬路對面還有蛇。每天，沈從文可以看到這些蛇要到對面的山溝裏吃水。

有一次沈從文病倒了，血壓很高，於是打電報給張兆和。

張兆和去沈從文的地方，要先走二十五里路，然後再搭汽車，才能到，而汽車每天只有一班。沈從文後來告訴自己的助手王亞蓉，「這個汽車每天只有一班，她居然趕到了。一看不行了，太悲傷了，血壓高到這個樣子，當地醫生不開藥了，知道我病重了，正好指揮部的空車路過，張先生到緊張時能幹極了，攔了一輛車說我病重，請他們帶走搭車。」

到了醫院，他們也沒有地方，住在走廊裏。「張先生陪我，一個小床上住兩個人。那時是春寒二月，冷得很，住了十幾天，倒很有趣味。」[9]

（三）

還是說一九三七年吧。

根據《沈從文年譜》的記載，他是在這年的八月十一日夜裏的十點，接到了當時教育部的秘令，通知其與北大、清華的教師一起離開北平。

教育部給沈從文下發通知的原因是，此時沈從文在北京編教科書，共事的除了青島大學的校長楊振聲之外，還有朱自清。他們實際上是「編抗日的教科書」。沈從文後來回憶，當時戰事一起，北京也聞得了槍炮聲，「所以，北京一打，壞了，我本來不是三個學校的，他們開了一個會，指定要我離開北京，怕出事情。或是被日本人利用，或者吃虧。所以，頭天晚上開會，第二天早上就走了，同清華大學等三個大學的教授一塊走了。頭一次通車很危險，天津還在打仗。頭一次天津和北京通車，那個機關槍還在車站上擺著。」[10]

沈從文跟楊振聲編的這套書，有沒有出，後來不知道。梁實秋的回憶是沒有出，他在一九七三年寫的〈憶沈從文〉中言及，「從文給介甫（楊振聲）做幫手，編中學文科教科書……書編的很精彩，偏重於趣味，可惜不久抗戰軍興，書甫編竣，已不合時代需要，故從未印行。」按照這種說法，這套書，是未曾見得天日的。

離開北京之前，沈從文本來正在寫〈小砦〉，但戰事一開始，沈從文無法寫下去，本來打算寫成長篇，但寫到第五章就放下了。

撤離後北京後的第一站，沈從文到了武漢。在武漢大學，沈從文還是教書，教散文。一待就是半年。關於此處，是要存疑的，沈從文在和美國漢學家金介甫的談話中說他在武漢大學，在《沈從文晚年口述》中提及的是在武漢。但是，在金所撰寫的《沈從文傳》中，言及是在「長沙的武漢大學」。[11]

（四）

離開北京，沈從文的同行者中不乏名流，比如楊振聲、梅貽琦、周培源、朱光潛等。

其實，當時的文化名流都在撤退。

沒有撤離的或許只有苦雨齋裏的老僧周作人了。

沈從文一路遠行，一直到了一個多月之後的九月二十二日，沈從文才在逃亡的路途中收到了張兆和的第一封信。

烽火連三月，家書抵萬金。更何況，這一天是在沈從文與張兆和的結婚紀念之日，張兆和發出的。

沈從文與張兆和結婚於九月九日，這封信在戰亂之下，歷時近兩周，方到達沈從文的手中。不過，滿城烽火，一路遷徙的沈從文能收到這封信，也算是一種萬幸。

張兆和此時雖然困居京城，但依舊給沈從文分兩次寄去了衣物。

在信中，張兆和稱，「我不喜歡打腫了臉裝胖子外面光輝，你有你的本色，不是紳士而冒充紳士不免勉強，就我們情形能過怎樣日子就過怎樣日子。我情願躬持井臼，自己操作不以為苦，只要我們能夠適應自己的環境就好了。這一戰以後，更不許可我們在不必要的上面有所奢求有所浪費。我們的精力，一面要節省，一面要對新中國儘量貢獻，應一掃以前的習慣，切實從內裏面做起，不在表面上講求。不許你再逼我穿高跟鞋燙頭髮了，不許你因怕我把一雙手弄粗糙為理由而不叫我洗東西做事了，吃的東西無所謂好壞，穿的用的無所謂講究不講究，能夠活下去已是造化。」

此後，相當長的流離之中，兩人通信頻繁。有時候，張兆和一次都能接到沈從文好幾封信。張兆和在給沈從文的信中曾經提及，「三孃在院子裏嚷：『沈先生一天來六封信，真不得了！』」

張兆和也十分期盼沈從文的來信，不僅僅是戰亂時節家書抵萬金。張兆和在一九三八年給沈從文的信中自稱「在這種家書抵萬金的時代，我應是全北京城最富有的人了」。

雖然沈從文有寫信的習慣，但長久的流離，加之戰亂，張兆和一個人在遙遠的北平，沈從文漸生飄零之感，他在給張兆和的信中提及，「要寫文章，不能寫，要教書，心不安，教不下去，並且我自己知道你也知道，就是我離開你，便容易把生活轉入一種病態，終日像飄飄蕩蕩，大有不知所歸之慨。」

張兆和此時在北平，一九三八年的春天，她過的日子是，自己帶著兩個孩子，「小龍發燒，小虎第一次種痘，我也傷風，又得餵奶。」[12]又是一個人在家，日子自然是難以支應。

一直到這年的十月下旬，張兆和與沈從文的九妹以及兩個孩子離開北平，走天津，轉道青島，過上海，一路南下，直到香港。而後，取道越南，到達昆明。

一九三八年十一月四日，沈從文日夜思念的家人終於出現在了眼前。沈虎雛後來回憶，「此時，待到媽媽終於把我們兄弟拖到雲南，全家在昆明團聚時，我倆的變化叫爸爸吃驚：小龍精神特別好，已不必人照料，惟太會鬧，無人管住，完全成一野孩子。」[13]

張兆和自香港到昆明是在施蟄存的一路陪同下到達的，其過程可見施蟄存之回憶文章〈滇雲浦雨話從文〉。當時，施蟄存回上海探親，十月間返回昆明，「沈從文的夫人張兆和，九妹岳萌，和從文的兩個兒子小龍、小虎，還有顧頡剛的夫人，徐遲的姊姊曼倩，都在香港待船去昆明。從文、頡剛都有電報來，要我和他們的眷屬結伴同行，代為照顧，徐遲也介紹他的姊姊和我一起走。」

於是，施蟄存一行七人，自十月二十八日出發，一直到十一月四日下午到達昆明。

這一路，施蟄存「自負是平生一大功勳」，他一個人「四位女士，兩個孩子，攜帶大小行李三十一件。船到海防，上岸驗關時，那些法國關吏把我們的行李逐件打開。到河口，又一度檢查，比海防情況好些。每次歇夜，行李都得隨身帶走。全程七日，到昆明時，只失去了徐曼倩的一件羊毛衫，還是她自己忘記在火車上的。」

此中，需要多一筆的是，在施蟄存的回憶以及《沈從文年譜》等記錄中，張兆和一行是與沈從文九妹以及兩個孩子一路南行的。但是，後來，據沈龍朱接受《半島都市報》記者劉宜慶的訪談時，提到「楊振聲先生的大女兒就是一九三八年和媽媽、姑姑、我和弟弟一起從北京、天津、上海、香港、海防去昆明的。」[14]

（五）

沈從文在西南聯大的教書生活，應該說是其持續時間最長，也最完整的一段教書生涯。

溫儒敏和李憲瑜的文章〈沈從文與北大〉稱，沈從文在昆明，「先是在西南聯大師範學院任教，第二年轉入北大任教。」汪曾祺回憶，當時沈從文上這三門課，分別是：各體文習作、創作實習和中國小說史。

沈從文曾回憶其當時之事，作為一個大學老師，他第一次站在課堂上，有兩個鐘頭一句話也不說。但是學生們卻沒有把他趕下去，「因為我已經寫了幾十本書」。但是，他還是沒有達到學生們所期盼的，能夠教授一些寫作的技巧。而沈從文告訴他們的是「要努力，一定會成功」。[15]

但是，這並不影響他成為一個受學生所歡迎的老師。他給學生教寫作，也把學生中習作寫的好的，介紹到報刊去發表，這對於學生來說，自然是一種莫大的鼓勵了。

汪曾祺還在回憶文章中提及，「沈先生對學生的影響，課外比課堂上要大得多。他後來為了躲避日本飛機空襲，全家移住到呈貢桃園新村，每星期上課，進城住兩天。文林街二十號聯大教職員宿舍有他一間屋子。他一進城，宿舍裏幾乎從早到晚都有客人。客人多半是同事和學生，客人來，大都是來借書，求字，看沈先生收到的寶貝，談天。」[16]在這個時期，蕭乾就曾在一九四〇年在給遠在美國的胡適寫信時稱，「讀書上最好的老師今甫先生，寫作上最好的老師從文先生」。[17]

在各種記憶中，沈從文與當時的作家有著不一般的「交情」，當然，對學生們也是如此。但是，這未必會贏得所有同事的喜歡和認可。

比如，談及西南聯大時期的沈從文時候，經常會提及的是劉文典對沈從文的諸多態度。在民國，劉文典堪稱是狂狷之士。當然，這有他的資本，在政治上，劉文典是同盟會老會員，還曾經擔任孫中山的秘書；在學問上，他是章門弟子，有《淮南子鴻烈集》和《莊子補正》十卷行世，也曾經創辦過安徽大學……這自然讓劉文典擁有了政學兩界的資本。更為士林所傳說的是，劉文典曾經在安徽大學任上，頂撞蔣介石，並被關押七天。章太炎還特意寫了「養生未羨嵇中散，疾惡真推彌正平」的對聯送給自己的這位弟子，這事在當時的學界成為佳話。

但是，山河歲月，幾經戰火，劉文典之狂狷之氣，卻一點都未曾改變。在西南聯大時期，劉文典依舊如此。岳南先生之《南渡北歸》提及，劉文典在西南聯大，依舊瞧不起新文學的作家們。不僅稱「只知把他娘，不知把妗」，還公然大罵沈從文。得知學校當局提拔沈從文為正教授，竟然大叫「在西南聯大，陳寅恪才是真正的教授，他該拿四百塊錢，我該拿四十塊錢，沈從文該拿四塊錢。可我不會給他四毛錢！如果沈從文都是教授，那我是什麼？我不成了太上教授？」這個時期應該是在一九四三年，這年的七月二十二日，國立西南聯合大學的常委會通過決議，聘沈從文為教授，月薪三百六十元。

更有甚者，在跑警報的時候，劉文典對跑在前面的沈從文稱，我跑是為了給學生講《莊子》，你一個搞新文學的跑什麼跑，要跑也是莊子先跑……

如大家所熟知的，西南聯大時期聞一多掛牌治印，「石章每字百元，牙章每字二千元」。彼時，教授們的生活可謂是困苦至極，由此，可見一斑。

在一九四四年，沈從文為了緩解家庭的生活困難，甚至與楊振聲等十二名教授一起擬定了〈詩文書鐫聯合潤例〉，幫助聯大的教師們出售書法作品。

一九七五年七月十一日，沈從文給自己的助理王亞蓉寫了一封信，其中提到了抗戰時期一家人的生活，「抗戰時我在昆明，以北大教授而出了六十本書，日子可過得緊得要命，但因為一家共同合作支援了八年，任何外來困難也通通被克服了。精神情緒卻很好就得力於能相互原諒，相互支持，而特別是我愛人在生活極端困難下，從不責備我「無能」，只鼓舞我堅守工作去等待勝利。所以才平平靜靜，以至於快樂融合的度過了九個年頭。」[18]

此間，沈從文的日子可真的算是「緊的要命」。他雖然後來作為教授，但不過是領取教授最低一級的工資。據《沈從文年譜》的主編者吳世勇根據當時的西南聯大俸薪表記錄，沈從文到了一九四五年的工資不外是四百四十元，扣除各種稅費，只不過四百二十六點五元。

巴金在〈懷念從文〉中用了一些筆墨來回憶沈從文在抗戰中的生活。不過，這也是極短的一部分，因為當時蕭珊在西南聯大念書，巴金也在一九四〇和一九四一年的夏天在昆明度過了兩個暑假。所以，他們兩人的相見也不過是這兩個暑假。

當時，作為西南聯大教師的沈從文，「為了躲避敵機轟炸，他把家遷往呈貢，兆和同孩子們都住在鄉下。我們也乘火車去過呈貢看望他們。那個時候沒有教師節，教書老師普遍受到輕視，連大學教授也難使一家人溫飽，我曾經說過兩句話：『錢可以賺到更多的錢。書常常給人帶來不幸。』這就是那個社會的特點。他的文章寫得少了，因為出書困難；生活水平降低了，吃的、用的東西都在漲價，他不叫苦，臉上始終露出溫和的微笑。」

巴金還回憶他們在昆明飯食店裏的情景，巴金幾次和沈從文在此相遇，但只是用一兩碗米飯作為晚餐，但是「有番茄，還有雞蛋，我們就滿足了」。彼時，兩個人不再辯論，顯得更加的惺惺相惜。

沈從文在昆明吃米線的情景還出現在汪曾祺的記述中，「沈先生在生活上極不講究。他進城沒有正經吃過飯，大都是在文林街二十號對面一家小米線鋪吃一碗米線。有時加一個番茄，打一個雞蛋。有一次我和他上街閒逛，到玉溪街，他在一個米線攤上要了一盤涼雞，還到附近茶館裏借了一個蓋碗，打了一碗酒。他用蓋碗蓋子喝了一點，其餘的都叫我一個人喝了。」[19]

（七）

施蟄存在抗戰時，受聘國立雲南大學。常常見到沈從文。

沈從文去世後，他寫了〈滇雲浦雨話從文〉，回憶了當時沈從文的生活情景。

「沈從文和楊振聲，屬於中央研究院，他們先到昆明，在雲南大學附近租了民房作辦公室和住宅。從文隻身一人，未帶家眷，住在一座臨街房屋的樓上一間。那鐘樓房很低矮，光線也很差，本地人作堆貯雜物用，不住人。從文就在這一間樓房裏安放了一隻桌子、一張床、一隻椅子，都是買來的舊木器。另外又買了幾個稻草墩，供客人坐。

從此，我和從文見面的機會多了。我下午無課，常去找他聊天。漸漸地，這間矮樓房成為一個小小的文藝中心。楊振聲和他的女兒楊蔚，還有林徽音，都是我在從文屋裏認識的。楊振聲是位忠厚長者，寫過一本小說《玉君》之後，就放棄了文學創作，很可惜。林徽音很健談，坐在稻草墩上，她會海闊天空的談文學，談人生，談時事，談昆明印象。從文還是眯著眼，笑著聽，難得插一二句話，轉換話題」。

這個時候張兆和還沒有到達昆明。等張兆和一行隨施蟄存的帶領下到達昆明後，沈從文住在靠近雲南大學的北門街，施蟄存稱，「北門街也在雲南大學附近，因而我常有機會去從文家閒談。此後又認識了從文的小姨充和女士。她整天吹笛、拍曲、練字，大約從文家裏也常有曲會了。」

現在看來，這種吹笛、排曲的回憶，也大多看做是苦中作樂的吧。

為了緩解生活的壓力，他甚至有販賣家鄉油紙傘的打算。在一九三九年六月七日給沈雲麓的信中，希望自己的三弟前來昆明的時候，能帶一些油紙傘，除了送人之外，還可以在「將來或可由我等來開一小公司，將此物向國外運去，換些外匯，增加抗戰力量，亦未可知也。」

而張兆和也曾經打算應聘國立西南師範中學部的教員。為了躲避日本的轟炸，沈從文一家又到了呈貢縣龍街道。而沈從文則依舊住在北門街。後來，沈從文又搬到了師範學院的宿舍，跟卞之琳他們住在一起。

在呈貢，張兆和找了一份英語教員的工作。但時間不久，她所擔任教員的育僑中學停辦，只好轉入了三臺山中的呈貢中學任教。本來遷到鄉下就是為了躲避日本飛機的轟炸，如此一來，依舊是要進城上課。

而在沈虎雛的回憶中，關於從呈貢到昆明上課的父親沈從文，則是一個挎著包袱的瘦長身影。「一九三九年四月以後，昆明頻頻落下日本炸彈，我家疏散到呈貢鄉下。過不久，爸爸長衫扣眼上，多了個西南聯大的小牌牌。每星期上完了課，總是急急忙忙拎著包袱擠上小火車，被尖聲尖氣叫喚的車頭拖著晃一個鐘頭，再跨上一匹秀氣的雲南小馬顛十里，才到呈貢南門。這時我常站在河堤高處，朝縣城方向，搜尋挎著包袱的瘦小長衫身影，興奮雀躍。直到最近，我才知道他上火車之前，常常不得不先去開明書店，找老闆預支幾塊錢。沉甸甸的包袱解開，常是一大摞書，或兩個不耐用的泥巴風爐，某角落也有時會令我眼睛發亮，露出點可消化東西。」[20]

一九四四年，沈從文一家又遷到了跑馬山的桃園新村。一直住到一九四六年舉家遷往北平。

（八）

但是，這段時間不可能沒有政治的。

按照金介甫的記述，「一九三七年秋天，沈在長沙和朋友吃了一次飯，有一個人就說沈從文是『湘西土匪』。他決心要反擊報刊上對湘西的造謠污蔑，讓東部戰區撤退後湧到湖南來的難民、幹部對邊區有些同情理解。其結果是《湘西》一書，是沈一九三八年春天南遷到昆明後才寫完的一部很有文學性的地方誌式的作品。」[21]

而到了同年的冬天，他與曹禺一起在長沙拜訪了徐特立。徐特立邀請沈從文在內的八位作家前往延安。「但徐也說，在白區也有許多抗日統一戰線需要人做，只要他們願意做的話。」[22]

根據金介甫的《沈從文傳》，沈從文甚至放棄了他原先不為政治寫作的原則，一度答應王魯彥在長沙所辦的報刊寫十篇講統一戰線的文章。但，後來，報館被查封，文章只刊出了四篇。

不僅如此，在一九三八年春天，他還在沅陵的時候將當地的頭面人物請到自己的哥哥沈雲麓家中談話，號召大家團結起來，支持抗日，「再亂下去等於資敵，會讓全湘西人丟臉」。

沈從文此時得到了自己家鄉湖南的重視，沈回憶「抗戰的時候，我們家鄉名譽上推舉我做湖南省的參議員，我不去。」[23]

這已經不是一九二六年的時候，沈從文後來回憶，三一八慘案發生的時候，他跟在遊行隊伍的前面走，「拿一個小旗子，散傳單，我也不懂傳單的內容」。

到了一九四五年的時候，沈從文住在鄉下。聞一多和吳晗來到沈從文的住處，讓他參加民盟。但沈從文說自己不懂，不過可以做文章，「我不懂實際上怎麼做」。[24]沈從文後來跟金介甫的解釋是，「我不懂實際怎麼做」，雖然他與吳晗比較熟悉，但是「我就一普通老師」。

當然，這並不是說，沈從文不關心國事。在一九四五年三月十二日，昆明文化界三百多人聯名發表〈關於挽救當前危局的主張〉，要求成立民主聯合政府。此時，聞一多還專門跑到了離昆明二十多公里的呈貢，找沈從文簽名。簽名後，沈從文還曾留聞一多吃飯。[25]

不過，沈從文終究是遠離了政治。

（九）

關於沈從文後來轉身文物研究，施蟄存、汪曾祺、常風等人的回憶文章中皆有關於沈從文在抗戰八年中對於文物研究的記述。

「沈先生後來不寫小說，搞文物研究了，國外、國內，很多人都覺得很奇怪。熟悉沈先生歷史的人，覺得並不奇怪。沈先生年輕時就對文物有極其濃厚的興趣。他對陶瓷的研究甚深，後來又對絲綢、刺繡、木雕、漆器……都有廣博的知識。沈先生研究的文物基本上是手工藝製品。他從這些工藝品看到的是勞動者的創造性。他為這些優美的造型、不可思議的色彩、神奇精巧的技藝發出的驚歎，是對人的驚歎。」[26]

「他八十歲生日，我曾寫過一首詩送給他，中有一聯：『玩物從來非喪志，著書老去為抒情』，是記實。他有一陣在昆明收集了很多耿馬漆盒。這種黑紅兩色刮花的圓形緬漆盒，昆明多的是，而且很便宜。沈先生一進城就到處逛地攤，選買這種漆盒。他屋裏裝甜食點心、裝文具郵票……的，都是這種盒子。有一次買得一個直徑一尺五寸的大漆盒，一再撫摩，說：『這可以作一期《紅黑》雜誌的封面！』他買到的緬漆盒，除了自用，大多數都送人了。有一回，他不知從哪里弄到很多土家族的挑花布，擺得一屋子，這間宿舍成了一個展覽室。來看的人很多，沈先生於是很快樂。這些挑花圖案天真稚氣而秀雅生動，確實很美。」[27]

施蟄存也曾有這樣的表述：「解放以後，從文被分配在歷史博物館工作，許多人以為是委屈了他，楚才晉用了。我以為這個工作分配得很適當，說不定還可能是從文自己要求的。」

首先，沈從文的書法一直不錯。在一九二九年，施蟄存在上海結婚。沈從文送了一副賀詞，寫的是「多福多壽多男女」。這是施蟄存第一次見到沈從文的毛筆書法，但「已經是很有功夫的章草了」。

還有，沈從文在雲南的時候，經常和施蟄存一起去逛昆明福照街的夜市。又一次，他從一堆盆子碗盞中發現一個小小的瓷碟，瓷質潔白，很薄，畫著一匹青花奔馬。沈從文不僅知道這是康熙年間的青花瓷，甚至還告訴施蟄存，這一定是八個一套的「八駿圖」。「他告訴我，他專收古瓷，古瓷之中，又專收盆子碟子。在北平家裏，已有了幾十個明清兩代的瓷盆。這回到昆明，卻想不到也有一個大有希望的拓荒地。」

這種與施蟄存一起逛夜市的生活一直到一九三八年十一月，張兆和等到昆明與沈從文團聚後才結束，「從文有了家庭生活，我也沒有機會夜晚再邀他同遊夜市了」。但是，施蟄存在回憶中記述道，一直到了一九四二年，此時，施蟄存已經去了福建，沈從文還是給施蟄存寫信，稱滇盒他已經買了大大小小的十多個，而瓷器也收到了不少。他還不忘記告訴施蟄存，那個八駿圖的青花瓷瓷碟，又收到了兩隻。[28]

沈從文對他在這八年中收藏的收穫也是很有興致。比如，常風回憶，沈從文與其重逢，兩個人多年相見自然有說不盡的話，沈從文「講到他在八年中的重大收穫漆製器物時，更神采飛揚，向我拿起他所珍寶的一個漆盤或什麼後，指點著給我解說真是眉飛色舞。有時也給我看他的別一種珍寶瓷器。」[29]

由此可以看出，建國之後，沈從文受外力的作用，投身到了文物之中，似乎早就有了先兆。相對於紛雜的文壇，很難說的清楚，沈從文的這種轉身，是福是禍。

施蟄存覺得，在文物中沈從文可以忘卻一切外界的榮辱，未必是一件壞事。「自從郭沫若盛氣凌人的斥責了從文之後，我知道從文不再會寫小說了。如果仍在大學裏教書，從文也不很合適，因為從文的口才，不是課堂講授的口才。蹲在歷史博物館的倉庫裏，摩挲清點百萬件古代文物，我想他的興趣一定會忘了一切榮辱。在流離顛沛的三十年間，他終於寫成了《中國古代服飾研究》等幾部第一流的歷史文物研究著作。如果當年沒有把他分配在歷史博物館，可能不會有另一個人能寫出這樣的文物研究專著。」

文物，不僅於沈從文來說，是一種愛好，回頭來看，也可能是一種無可奈何的幸事。

（十）

一九四五年，八月十五日抗戰勝利。

《沈從文年譜》載，九月九日晚，沈從文在昆明桃園家中用一個晚上寫完了給張兆和的小說〈主婦〉初稿。〈主婦〉曾記錄下此時之心境，「到天明時走到村子外邊去，越過馬路，躺到帶露水的荒墳間，頭中發眩，覺得十分悲切，總想事如可能，應當回北平時改一小小職業，不再做這種費神不見好的工作，一家也會過得日子稍好些……」

只是，時局已經不容許自己的選擇。文物研究，算是一個小小的職業嗎？

關於這八年，以及這八年的經歷，曾經有人想讓他寫出來。一九七九年六月二十日，他給助手王亞蓉的信中提及了這件事情。

信中，沈從文稱，在一些作家字典中出現了不少「現代中山狼似地作家自傳，作風和你所見到的某『名畫家』近似，只重在為其個人臉上貼金，只顧自己站地步胡吹胡謅，以張先生為人厚道性情，看來也覺得生氣。……」沈從文受到其弟子的中山狼式的遭遇已經為世人所熟知。

在這封信中，沈從文告訴王亞蓉「在南方若有什麼人問你要我照相或問及過去作品、當前工作，都以用個『不知』回答為得體」。但是，沈從文自己卻表達了寫作回憶錄的可能，稱「我也許會抽使用個半年時間，寫一本自傳第二卷、第三卷或回憶錄，單獨出版，可絕不希望什麼自傳和一些『現代中山狼』的作家混在一書內騙人」，同時，他還向王亞蓉透露，「新近又回國的那個數學家鍾先生又到了北京，我們看過了他兩次，還希望我專寫『在雲南那八年』寫成後寄給他，他可為用大字精印千把本，以為至多費五六百美元，他為付這筆並不妨事，因為那邊有的是讀者。」[30]

但這八年終究是沒有一個完整的記錄。

或許，記錄是不合時宜的。

一九四四年，沈從文「因心臟病，計焚毀日記本七冊，另稿十五種，多未發表故事……」日記裏都寫了什麼？心臟病跟焚毀日記本有關聯嗎？

還有，沈從文後來在《湘江文藝》的講話時，說，「我的書呢，五三年就燒掉了，再加上這多少年的變化，我在這個文學方面是絕對沒有發言權的，絕對沒有發言權。」[31]

燒了，付之一炬能隔離過去嗎？恐怕是無從回答了。

還是政治。到了一九八五年，年中。中共中央組織部發文社科院，沈從文成為正部級研究員，享受正部級待遇。

這次是因為當年的五月，土家族著名記者蕭離先生，直接上報時任中共中央總書記胡耀邦的結果。[32]

此時，沈從文已經八十三歲。三年後的一九八八年五月十日，沈從文離世。

沈從文逝去，巴金寫〈懷念從文〉。

最後一句，「中國知識份子的悲劇我是躲避不了的」。

註釋

1 《沈從文晚年口述》，一三一頁。
2 吳世雄《沈從文年譜》，一六頁。
3 沈從文在《湘江文藝》座談會上的講話《自己來支配自己的命運》，見王亞蓉編《沈從文晚年口述》，陝西師範大學出版社，五九頁。
4 《沈從文晚年口述》，一四八頁。
5 《沈從文晚年口述》，一二六頁。
6 《沈從文晚年口述》，一二六頁。
7 沈從文一九八一年在湖南省博物館的演講《我是一個很迷信文物的人》，見王亞蓉編《沈從文晚年口述》，陝西師範大學出版社，十頁。
8 孫冰編：《沈從文印象》一五六至一五七頁，學林出版社一九九七年一月第一版。
9 《沈從文晚年口述》，一七六頁。
10 《沈從文晚年口述》，一五四頁。
11 見金介甫《沈從文傳》，三二十四頁，國際文化出版公司。
12 見張兆和一九三八年三月二十二日北平致沈從文的信。
13 見沈虎雛《團聚》。
14 見《回憶父親沈從文》，載《名人傳記》二〇〇九年第四期，沈龍朱口述，劉宜慶撰寫。
15 《沈從文晚年口述》，一二五頁。
16 汪曾祺《沈從文先生在西南聯大》，載《聯大教授》，新星出版社，二〇一〇年版，六〇頁。
17 吳世勇編，《沈從文年譜》，二二十九頁。
18 《沈從文晚年口述》，二五一頁。

19 汪曾祺《沈從文先生在西南聯大》，載《聯大教授》，新星出版社，二〇一〇年版，六七頁。

20 見沈虎雛《團聚》。

21 金介甫《沈從文傳》，三〇四頁。

22 《沈從文傳》，三一三頁。

23 《沈從文晚年口述》，一四七頁。

24 《沈從文晚年口述》，一五五頁。

25 吳世勇編《沈從文年譜》，二六四頁。

26 汪曾祺《沈從文先生在西南聯大》，載《聯大教授》，新星出版社，二〇一〇年版，六五頁。

27 汪曾祺《沈從文先生在西南聯大》，載《聯大教授》，新星出版社，二〇一〇年版，六六頁。

28 見施蟄存《滇雲浦雨話從文》，載《沙上的腳印》，遼寧教育出版社一九九五年三月。

29 常風，《留在我心中的記憶》，載《沈從文評說八十年》，中國華僑出版社。

30 《沈從文晚年口述》二十五四至二十五五頁。

31 沈從文在《湘江文藝》座談會上的講話《自己來支配自己的命運》，見王亞蓉編《沈從文晚年口述》，陝西師範大學出版社，五五頁。

32 《沈從文晚年口述》，二十二十五頁。

漂泊者蕭紅

——從呼蘭河到淺水灣以及眾說紛紜的愛情

走六小時寂寞的長途，
到你頭邊放一束紅山茶，
我等待著，長夜漫漫，
你卻臥聽著海濤閒話。

一九四四年秋天，在香港的戴望舒去悼念蕭紅，寫下了這首〈蕭紅墓畔口占〉。此時，蕭紅已經去世兩年。

在戰時的香港，山河破碎，家國飄零，而想起蕭紅飄蕩孤寂，與世浮沉，最後竟然病死異鄉，不禁讓人有淒涼之感。

於是，後世的人們，總是不自覺地想起那個從白山黑水流落到香江之畔的女作家還有她的半世飄零。

（二）

言及蕭紅，人們總是想起二蕭。

那麼先說蕭軍吧。

按照世人的一貫想法，東北人，性格直爽，民風彪悍，蕭軍似乎也承襲了這種風格。

蕭軍的母親在其只有七個月的時候就已經去世，是在被蕭軍的父親毒打一頓之後，吞食鴉片而亡。

所以，自小，蕭軍的夢想就是「長大後，給媽媽報仇」。

蕭軍的脾氣有些直，甚至暴躁。否則，在他生父接他去長春的時候，他的祖母也不會叮囑他，「不要像小時候那樣，動不動就去臥冰，不吃飯。不要和城裏孩子打架……」[1]

此後，蕭軍上學，被學校開除，等到十八歲那年，參軍當兵。

然後，又是上學，家境敗落。最後，沒能做成「大將軍」，相反，竟然以文傳世。

及至一九三二年，蕭軍流浪哈爾濱，為《國際協報》寫稿子，維持生活。春夏間，他遇到了蕭紅。確切的說，是蕭紅困居旅館，向報館求救。當然，此時的蕭紅還叫張迺瑩，她欠了旅館的錢，被旅館挪到了曾經當做儲藏室的預備客房來住。

當時，蕭紅和她的「丈夫」已經在這個旅館裏住了半年有餘，欠下了六百餘元的債務。但是，回家取錢的汪某一去不回，蕭紅只好被當做「人質」留在旅館。

人生中會有很多相遇，而二蕭就在這樣的一種場合下相遇了。

在很多傳記中，對於蕭紅的人生起點，都會想到一個叫「王恩甲」的未婚夫，並且正是此人，讓蕭紅困居旅館。

但是，在二〇〇九年，黑龍江大學一個叫葉君的文學院老師，寫了一本書，叫做《從異鄉到異鄉——蕭紅傳》，他提出的觀點是，「王恩甲一直是個錯誤，對他家世的傳言也不是一回事，甚至名字也錯了，應該是『汪恩甲』，本地文史學家做了很多考證，但因為宣傳平臺的原因，外省一直不知道。我在書裏做了更正，未婚夫不是拋棄蕭紅，而是因為戰亂失蹤了，他們原來的生活也很幸福，因為蕭紅所有文字都沒有指責過這個男人。」[2]

蕭軍見到張迺瑩字跡工整，還能寫詩，一番交談，也知曉了她的故事。

蕭軍竟然向自己宣了誓「我必須不惜一切犧牲和代價——拯救她！拯救這顆美麗的靈魂！這

是我的義務……」[3]

臨了，蕭軍把自己身上僅有的五角錢給了蕭紅，自己步行了十里路回去了。

蕭軍將蕭紅接出來後，送入了產科醫院，蕭軍和舒群撿了自己「較為完整的衣褲，送入當鋪，換取一些錢，總算解決了她那時最大的困難。」[4]

接下來的事情，順理成章，蕭紅與蕭軍走在了一起。開始，也是寫文章，但後來，待不下去了，於是，在一九三四年夏天，他們來到青島。住在觀象山一路一號。

在青島，蕭軍在一家報館做編輯。而蕭紅也寫出了《生死場》。

這個時候，他們給魯迅寫信，未曾想魯迅立即給他們寫了回信，這讓蕭軍後來很是感慨，「這位偉大的人，他對於一個素不相識的青年是何等的關心，何等的熱情，何等的真摯，何等的信任啊！」[5]

報社辦不下去了，二蕭買了兩張四等艙的船票，乘坐一艘叫做「大連丸」的輪船，跟貨物一起，在最底層的貨艙裏離開青島，來到了上海。

到達上海後的他們，渾身只有十八元幾角錢了。在拉都路花九元錢先租了一間亭子間，餘下的錢買了一袋麵粉，一隻炭爐，就所剩無幾。「究竟在上海要怎樣生存下去呢？一切都是茫然的」。但一想到會見到魯迅先生，「即使離開上海，也就心滿意足了」。[6]

一九三四年十一月三十日，他們終於見到了魯迅。之後不久，受邀參加魯迅的宴會。而這次宴會，蕭軍後來才明白，「名義上是為了慶祝H夫妻兒子的滿月，實質上卻是為了我們這對年輕人，從遙遠的東北故鄉來到上海，人生地疏，會有孤獨寂寞之感，特為我們介紹了幾位在上海的左翼作家朋友，使我們有所來往，對我們在各方面有所幫助……」[7]

許廣平回憶，魯迅將蕭紅的文章介紹給陳望道主編的《太白》，鄭振擇主編的《文學》，還有良友的趙家璧等人那裏，「總之是千方百計給這些新來者以溫暖」[8]。

在魯迅的幫助之下，蕭軍、蕭紅以及葉紫，成立了一個「奴隸社」，並出版「奴隸叢書」。雖然，魯迅稱，「奴隸社以血汗換來的幾文錢」[9]。但是，漸漸的，在魯迅的幫助下，二蕭在上海的文壇上也成長了起來。

胡風的夫人梅志在回憶文章中稱，「這一對夫婦作家，在當時的上海文壇不但站住了，還成了有名的新秀。他們為東北廣大的不願做亡國奴的人民請命，寫出了他們為民族生存而進行的鬥爭，伸張了民族正氣。尤其蕭紅寫的一些散文式的短作品，那些栩栩如生的小人物，那些濃郁的地方色彩，都極令人感動，引得讀者的同情，對作家也產生了喜愛。於是他們都各各帶著自己的風格特色在上海灘上站住了。」[10]

（二）

而二蕭之關係發生變化，是在戰爭形勢鬥轉，個人面臨向哪裡去的問題之際。

鍾耀群在《端木與蕭紅》一書中描述，「蕭軍在上海時，感情上曾經有過對不起蕭紅的事情，因而蕭紅遠去日本，在武漢時，蕭紅也曾對端木談過，透露出對蕭軍這次感情的不忠耿耿於懷。更主要的是忍受不了蕭軍的那種大男子漢的氣息。」[11]

這指的是在一九三六年，蕭紅去日本。至於原因，蕭軍回憶錄裏沒有多說。只是寫，「一九三六年夏季間，蕭紅決定去日本東京，我去青島，我們在上海的『家』就『拆』了」，而後又寫道「在青島我大約住了有兩個月，由於沒有什麼外來的干擾，感情、思想上也沒有什麼波動……」[12]

蕭軍自己在《蕭紅書簡樣存注釋錄》還寫了這樣的理由，「一九三六年我們住在上海。由於她的身體和精神全很不好，黃源兄提議，她可到日本去住一個時期。上海距日本的路程不算太遠，生活費用比上海貴不了多少；那裏環境比較安靜，即可以休養，又可以專心讀書，寫作，同時也可以學學日文。由於日本出版事業比較發達，如果日文能學通了，讀一些世界文學作品就方便得多了。黃源兄的夫人華女士就正在日本專攻日文，還不到一年，已經能夠翻譯一些短文章了。何況有華夫人在那裏各方面全能夠照顧她……經過反覆研究商量，最後我們決定了：她去日本；我去青島，暫時以一年為期，那時再到上海來聚合。」

是否因為感情因素，蕭紅去日本，各有各的說法，但是在側面上，也表明，當時的蕭紅身體已經不是很好。

蕭紅的胃病應該早就有了，許廣平的回憶文章中稱，在初次見到蕭紅的時候，就看到蕭紅的花白頭髮了，並且還經常聽到蕭紅訴說頭疼，這種病往往吃幾片阿斯匹靈，但這回帶來胃病。

丁玲回憶蕭紅的時候，寫她與蕭紅的第一次見面，也是「蒼白的臉」。[13]而張琳回憶文章中，稱見到蕭紅的時候，看到蕭紅的臉色很黃，樣子憔悴，「我私信她有鴉片的惡好」。[14]

但是，在蕭軍從青島回上海後的第三天，魯迅去世。

魯迅去世後第五天，蕭紅給蕭軍寫信，讓蕭軍多和許廣平來往，在蕭紅的心目中「可怕的是許女士的悲痛，想個法子，好好安慰著她，最好是使她不要靜下來，多多的和她來往」。[15]

但是不久，蕭紅也很快回來了。

回來後，感情的裂痕依舊沒有恢復的很好。爭吵還會發生，有時候還會動手。

梅志的回憶，有次許廣平和胡風等人在上海的一家咖啡館接見以為日本的進步作家。蕭紅眼睛的左眼青紫了很大一塊，對於大家的關心，蕭紅說「沒什麼，自己不好，碰到了硬東西上。」她又補充一句：「是黑夜看不見，沒關係……」

可是，等送走客人之後，「大家都一起在街上遛馬路時，女太太們又好心地提起這事，主要是希望蕭紅以後要小心，蕭紅也一再點頭答應我們。可是走在一旁的蕭軍忍不住了，他表現男子漢丈夫一人做事一人當的氣派，說：『幹嗎要替我隱瞞，是我打的……』」[16]

一九三七年四月，蕭紅一個人去了北京。直到一個月左右之後，蕭軍去信，稱自己身體不好，她便回到了上海。

但很快，八一三來了。蕭軍和蕭紅去了武漢。

（三）

這期間不得不提到一個人了——端木蕻良。

榜樣作用無疑也是有的，比如後來要出場的端木。

關於端木與蕭紅的敘說，很多資料的來源是鍾耀群在一九九八年所出版的《端木與蕭紅》。關於端木與蕭紅，不同人的敘說，有著很大的差別，甚至會截然相反。

而作為端木後來的妻子，鍾耀群也稱，自己的寫作「是因為，在一九九六年端木去世後，在懷念端木的文章中，提到端木和蕭紅的關係的時候，以訛傳訛的太多。這讓作者不能平靜，所以以七十多歲之高齡，寫作了這本書。其目的就是為端木『平反』。」

端木蕻良去上海也是為了懷著去找魯迅的心情去的，此前的一九三六年，他已經在北京知道蕭紅蕭軍兩個人在魯迅的扶持下，出版了奴隸叢書的事情。

但是，「沒有想到只通了幾次信，連面都沒見到，魯迅先生就去世了。當時，端木的心情是很沮喪的。」[17]但是，端木知道，一個作家的好壞是要靠文字來說話的，於是他白天黑夜的在一個木匠鋪的小樓上寫作。

七七事變之後，正在青島的端木，收到茅盾的信，讓他立即回上海。

戰火迅速蔓延，上海的很多刊物停刊。此時的胡風打算辦一個刊物，約請端木參加，這本刊物就是《七月》。「當時到會的有艾青、蕭軍、蕭紅等十來個人。這是端木第一次見到蕭紅和蕭軍。」[18]

蕭軍、蕭紅以及端木都是東北人，而蕭軍和端木又都是遼寧人，老鄉相見，關係自然更加的親近一些，這是人之常情。而鍾耀群後來文章中的稱，端木在武漢是跟蕭紅蕭軍住在一張床上的。這種說法如果按此分析，似乎也可以說成立。

同時，根據《端木與蕭紅》的說法，端木去武漢，是接到蕭軍的信去的。當時也是為了籌辦新刊物《七月》，並且，胡風、艾青等人都已經在武漢，「就等他了」。蕭軍的這封信，「很熱情，是用文言文寫的，還附了一首舊體詩。本來就不想再養病的端木，收到這封熱情洋溢的信後，就再也住不下去了。」[19]買好火車票，就到了武漢。

端木如何去的武漢，有不同的說法，胡風在回憶錄裏是這樣寫的，「端木蕻良臨時沒有住處，讓他在我家住了幾天。和我同時離開了上海……」[20]

以下還是鍾耀群的記錄。按照鍾耀群在書中的回憶，當時，他們都住在小金龍巷內，蕭紅和蕭軍住一個房間，裏面有一張大床。端木本來打算去找三哥的女朋友劉國英，到她家借宿。

但是，「蕭紅挽留他道，『別走，咱們住一塊，有事也好商量。老胡、老聶他們天天都來，還有艾青、田間。蔣錫金一人住一屋，我要他給你挪個地方，搭張床就行了』。蕭軍說：『別去麻煩她了，就睡我們這屋吧。好在天冷，這張床又大，我睡中間，蕭紅睡裏邊，你睡外邊……』」[21]當夜，端木畢竟是累了，很快就睡著了。

第二天，蔣錫金借來一張小床，端木就和他一起住了。但是，沒過多久，因為一位女畫家的到來，端木「晚上又喝蕭軍蕭紅睡到了那張大床上」。[22]其實，任何人都不會有其他的想法，因為，「他們這些熱血青年是非常純潔的」。[23]並且，那位女畫家不久離開，他們又恢復了原樣。

後來，為了辦刊的方便，蕭軍和蕭紅搬離了這裏。

搬離之後，互有往來。但有些記錄似乎不尋常。

比如，鍾耀群寫蕭紅在端木那裏練字，寫的是「君知妾有夫，贈妾雙明珠。感君明珠雙淚垂，恨不相逢未嫁時。」並且，「最後一句重複練習了好幾行」。[24]

更有意思的是，蕭軍有時候也來「練字寫詩」，寫的竟然是，「瓜前不納履，李下不整冠。叔嫂不親授，君子防未然」……[25]

這樣的詩句，如果聯繫到以後二蕭分手，而端木與蕭紅結合，未免有些讓人浮想聯翩。但這是端木後來的妻子所寫，讓人又不得不相信這並非「道聽塗說」。

及至一九三八年，端木與蕭紅等人去民族革命大學任教的時候，一路上，「蕭紅總喜歡挨端木坐，端木也像對待姐姐似的對待她。在爭論問題的時候，他和蕭紅的觀點常常是一致的。」[26]

（四）

一九三八年，蕭紅、蕭軍、端木等人，去山西民族革命大學任教。

不久，丁玲也帶著西北戰地服務團來到了臨汾。兩夥人便住在了一起。未幾，日軍攻陷太原，臨汾也處於危險之地。

民族革命大學面臨撤離。招聘來的作家有兩種選擇，要麼一起撤，要麼留下隨西北戰地服務團去西安。

在去留的問題上，蕭軍和蕭紅發生了衝突。蕭軍要留下打游擊，而蕭紅則想有個地方能夠創作。她甚至有些哀求蕭軍，「三郎，我知道我的生命不會太久了，我不願生活上再使自己吃苦，再忍受各種折磨了……」[27]

最終的結果是「蕭軍決定留下準備打游擊」。[28]

可是，離開臨汾的時候，蕭紅卻忽然要端木和蕭軍一起去打游擊。並說，蕭軍太莽撞，她不放心。但蕭軍卻稱，自己身體好，誰都不用。

等離開的時候，蕭軍來送行，「蕭紅沒有表情地坐在車廂裏，一聲也不吭」。而別人向蕭軍揮手告別，但是，蕭紅「始終坐在那裏沒動」。[29]

在西安，蕭紅告訴聶紺弩，自己愛蕭軍，「可是做他的妻子卻太痛苦了！我不知道你媽男子為什麼那麼大的脾氣，為什麼要拿自己的妻子做出氣包，為什麼要對自己的妻子不忠實！忍受屈辱，已經太久了……」[30]

在西安，八路軍辦事處的大院，排練劇本《突擊》。蕭紅送給端木一根從南方帶來的竹棍。丁玲要回延安，本來端木也想去，可是「蕭紅因為知道蕭軍已經去了延安而堅決不去，並且要端木也別去。本來極想去延安的端木，也就沒有去。」[31]

對於這個回憶。聶紺弩的與鍾耀群的說法有些不一致，聶紺弩在回憶文章中，稱他約蕭紅一起去延安，蕭紅拒絕了。在聶紺弩稱說不準在那裏會遇到蕭軍的時候，蕭紅的回答是，「不會的。他的性格不回去，我猜他到別的什麼地方打游擊去了。」[32]

不久，蕭軍隨丁玲回來。關於這段時期的回憶，很多人也都有所出入。

比如，聶紺弩〈在延安〉中寫的是，一到院子，就有丁玲的團員喊：「主任回來了！」蕭紅和D.M.一起從丁玲房裏出來，一看見蕭軍，兩人都愣住了。「D.M.就趕來和蕭軍擁抱，但神色一望而知，含著畏懼、慚愧，『啊，這一下可糟了！』等複雜的含義。」端木到聶紺弩的房間，說「如果鬧什麼事，你要幫幫忙」。

但是，鍾耀群的說法是，蕭軍踏進端木的屋子，「粗聲粗氣地對蕭紅和端木說：『蕭紅，你和端木結婚吧！我和××結婚！』」不僅如此，蕭軍還用手在端木屋裏的破鋼琴上打了一下，發出「當」的一聲。[33]

並且，蕭軍和端木也差點打了起來。有一段心理描寫是這樣的，「他從來都是把蕭紅當姐姐看待。蕭紅對他好，關心他的生活，他也認為是理所當然的。但現在蕭軍突然說出了要他和蕭紅結婚的話，這說明他和蕭紅要徹底分開了。他們真要徹底分開，他自己能和蕭紅結婚嗎？……」[34]

當然，端木還想到了自己的母親一直想讓他找個妻子之類的。

第二天，蕭紅約端木出去走走。蕭紅掩面痛哭，在端木的追問下，「索性撲在端木懷裏更加傷心地哭了起來」。[35]端木此時得知，蕭紅此時已經有了四個月的身孕。

當得知即使這樣，還要蕭紅和其結婚後，「端木不自覺地喊了一聲：『天哪！』便不顧一切地撲過去，將蕭紅緊緊摟在懷裏，氣得全身發顫地說：『你，你怎麼能和這樣的人生活在一起啊……』」[36]

「端木第一次嚐到了親吻的滋味。」[37]

而後的結果是，「他倆手挽手地輕鬆愉快地回到駐地」。[38]

蕭軍約端木決鬥，未曾想，遭到了蕭紅「厲聲」的呵斥，說這是八路軍辦事處，讓他收起「憲兵作風」，「我告訴你，我的脾氣你是知道的！你要把他弄死，我也把你弄死！我說話是算話的！這一點你應該知道！」[39]

當然，這只是一種說法。還有一種說法來自蕭軍。

根據蕭軍的回憶，是蕭紅主動提出要永遠分開的。當時，蕭軍正洗著頭臉上的塵土，蕭紅在一邊微笑著告訴三郎，蕭軍「一面擦洗著臉，一面平靜的回答『好』」。[40]

雖然各自的訴說都有很大的感情色彩，但一點是肯定的，就這樣，兩個人分開了。

後來的結果是，「蕭紅和端木商量定；蕭軍要去延安，他倆就回武漢，蕭軍要去武漢，他倆就去延安。後來蕭軍決定隨丁玲去延安，端木和蕭紅就回武漢了。」[41]

（五）

一九三八年四月，蕭紅和端木乘火車返回武漢。

回武漢的火車上，蕭紅要登報聲明和蕭軍分開的事情。登報聲明這類的事情，估計當時是常事，郁達夫和王映霞就是如此。但這遭到了端木的反對，但蕭紅說，「不過蕭軍的孩子我決不要，到武漢我就找人把它打了。」[42]

後來這個孩子，「終因胎兒已大，墮胎有生命危險而作罷。」[43]再後來，這個孩子還是沒能成活，蕭紅去了江津的白朗家生產。但是，「沒過多久，端木接到羅烽來信，說蕭紅順利生了一個男孩，活了沒兩天就死了。蕭紅要他寫信告訴端木」。[44]

這個孩子，胡風的女兒張曉風的回憶是這樣的，「在武漢時，她和我母親都懷孕了，但在這兵荒馬亂的戰時，生孩子拖兒帶女實在是太困難了！她倆都不想要孩子，便一起去找醫生準備打胎。但一問手術費竟要一百四十元，當時這些窮文人哪裡付得起啊。於是，她們只好作罷，又拖著沉重的身軀離開即將淪陷的武漢，逃難到了重慶。不久，蕭紅生下了一個男孩，不料卻在第三天夭折了。」[45]

無論是哪種說法，這個孩子蕭紅曾經有打掉的想法，至於是不想留下蕭軍的孩子，還是張曉風所說的，是因為付不起手術費，都已經不重要了，這個孩子沒有存活下來。

一九三八年五月下旬，端木和蕭紅在漢口大同酒家結婚。除了自家人之外，還請了「胡風、艾青等文化人士」。[46]

按照鍾耀群的說法，端木此前沒有與蕭紅有越雷池的行為，她寫端木新婚之夜犯愁了，「真正接觸女人，還從來沒有過」，還有就是「女人在懷孕的時候，是不能發生性關係的」。當他將這些疑慮跟蕭紅說的時候，蕭紅「慶幸」的說，「我可遇到一個懂禮的人了……」[47]不僅如此，婚後端木的錢都是蕭紅管理的。

武漢吃緊，羅烽弄到了兩張船票，在蕭紅的堅持之下，端木先行離開武漢，而蕭紅則留了下來。

很難說蕭紅和端木在婚後的生活如何，各種回憶的衝突也比較大，所以只好留下來由讀者判斷。與鍾耀群的蕭紅慶幸「我可遇到一個懂禮的人……」所不同的是另一些人的回憶。

比如綠川英子在一九四二年曾經寫了一篇回憶文章，發表在當時的重慶《新華日報》的新華副刊上。她回憶，在漢口逃難的人群中，「大腹便便，兩手撐著雨傘和笨重行李，步履為難的蕭紅。在她旁邊的是輕裝的端木蕻良，一隻手捏著司的克，並不幫她。」

類似的說法還有靳以，在回憶蕭紅在重慶的時候，靳以頗為蕭紅感到不平。提及D，「全是藝術家的風度，拖著長髮，入晚便睡，早晨十二點鐘起床，吃過飯，還要睡一大覺。在炎陽下跑東跑西的是她，在那不平的山城中走上走下拜訪朋友的也是她，燒飯做衣裳的是她，早晨因為他沒起來，拖著餓肚子等候的也是她。」甚至D於別人打架，調節的也是蕭紅。[48]

在重慶，端木在復旦教書。而「沒幾天，曹靖華坐周恩來的汽車從武漢來重慶了，端木以為蕭紅也回來的，誰知道曹靖華說，在武漢的時候曾問過胡風，和魯迅關係近的人，還有誰沒走，可以坐車一起走。胡風明知蕭紅沒有走，卻說都走了，沒人了。」[49]

蕭紅後來一個人來到了重慶。

按照此種說法，胡風故意說武漢已經沒有了魯迅先生關係近的人，那麼似乎在表明胡風對蕭紅有著成見，或者說故意看不起蕭紅。

如果這種說法成立，那麼，這似乎就是為什麼梅志在回憶蕭紅的文章中，曾經寫了這麼一段：

> 我還是能經常見著她，多半在下午我去傳達室取報的時候，當許多學生、教授、走出校門經過鎮上大街，這裏面會有他們兩個。他們有時可能是出來散步或是到對岸北碚去。時間已是深秋了，男的穿著他常穿的咖啡色夾克，像過去一樣斜著肩、低著腦袋在街上走著，相隔兩米遠的後面，蕭紅也低著頭尾隨著。不知道他們關係的人，只當是兩個路人呢。知道的也可以認為他們不和，剛吵了架哩！都低著頭不高興和人打招呼，別人也就不去和他們點頭招呼了。蕭紅在她的旗袍上有時加一件紅毛衣，從背影看顯得瘦多了，兩肩也比過去聳得更高，抬著肩縮著脖，背還有點佝僂，真不像一個只有二十多歲的少婦的背影。再也看不出過去那個在上海昂著頭、挺著胸，用勁地響著皮鞋在馬路上賽跑的年輕的北方姑娘了！[50]

梅志所看到的「都低著頭不高興和人打招呼」，應該是不高興和梅志打招呼。

但是，胡風在武漢有沒有照顧蕭紅呢？胡風在回憶錄裏寫到這樣的的情況，一九三八年八月十三日，胡風到三教街，見到蕭紅，「才知道蕭紅至今還未走成，端木將她一個人留下自顧自先走了。她身體已顯笨重了，一個孕婦無人照管，怎麼行呢？問她有什麼困難，她說將隨乃超夫人一道撤退，我才放了心。」[51]

按照這種說法，胡風對蕭紅是很關心的。

只是，不知道此種猜測是否符合當時的狀況。但這卻是出自兩個當事人的回憶。還有一件事情出現在胡風和梅志兩人的回憶之中，就是在胡風家裏蕭紅看到過蕭軍的照片。胡風的回憶是這樣的，「有一次她一個人來家看我，我不在。我妻子將蕭軍新近寄的新婚照片給她看了。她看後好半天沒有說話，看去這在感情上對她是一個不小的打擊。她沒有等我，就匆匆的走了。後來我們雖同住在北碚鄉下，我只聽靳以告訴我她在生活方面的一些不愉快的情況，但她一直未來看過我。可能與這照片有關，她把我看做是蕭軍黨了吧。」[52]

在梅志的眼裡，蕭紅的反應是，「她手裏拿著照片一聲不響，臉上也毫無表情，剛才的紅潮早已退了，現出白裏透青的顏色，像石雕似地呆坐著。」[53]

（六）

很多人一直都不清楚，為什麼端木和蕭紅最終選擇去了香港。

而根據鍾耀群的說法，蕭紅與端木去香港，是因為重慶也遭受了轟炸，而「端木與蕭紅都有些支撐不住，便想離開重慶」，而艾青等已經去了桂林。

本來他們也打算前往桂林，但「蕭紅不贊成去桂林，說在那兒也免不了遭受敵機轟炸，不能安定寫作。她說不如去香港，那裏《大江》正在連載，有稿費，至少生活不成問題。」[54]這個想法也得到了《新華日報》前主編華崗的贊成，「他說香港的文化陣地還是很需要人的，不是沒事幹，而是有許多事要幹。」[55]

於是一九四〇年的一月十九日，兩人就到了香港。

當然，在香港，兩人也不是孤寂的，他們一到香港，就有當地的一些文化人與他們接觸了，比如胡愈之等人也是在香港認識的，還有戴望舒就來找他們。

到了香港，蕭紅開始寫作《呼蘭河傳》。

一年半後的一九四一年六月，胡風按照周恩來的安排來到香港。

他去見了蕭紅，此時在香港的蕭紅，雖然精神不錯，但已經蒼白瘦弱，他跟胡風興奮的說，「我們辦一個大型雜誌吧？把我們的老朋友都找來寫稿子，把蕭軍也找來。」[56]

而說這話的時候，胡風提到了一個「站在身旁的T，顯出一付尷尬的不樂的樣兒」，而讀者知道，這應該是端木了。

蕭紅還跟胡風說，「如果蕭軍知道我病著，我去信要他來，只要他能來，他一定會來看我，幫助我的。」

這次見面，胡風在他的回憶錄裏稱蕭紅，「無論她的生活情況還是精神狀態，都給了我一種了無生氣的蒼白印象。」

只是蕭紅再也等不來她的那些老朋友了。

香港的戰火起了，蕭紅卻在發燒。

後來，去瑪麗醫院，被診斷為肺結核。住進隔離病房。此時已經相當嚴重，「X光檢查，兩頁肺上均有空洞，需要打空氣針治療。」[57]但是，轉機並不大。

及至一九四一年十二月八日，太平洋戰爭爆發。

局勢已經越來越糟，中共也開始組織進步文化人士撤離，但蕭紅因為有病無法參加。在一家私人醫院，蕭紅接受了喉頭的切除手術。

但是，手術並沒有找到腫瘤。而也找不到院長麗樹培，護士告訴端木，「院長作完手術就走了。到哪兒去，我們也不知道。」[58]

二人只好轉回瑪麗醫院。在瑪麗醫院，醫生告訴端木，「假如在正常情況下，病人是有希望的，但在這種戰亂情況下就不好說了，能維持現狀就不錯。」[59]

但不久，瑪麗醫院成了軍管。他們只好隨著醫院搬到了一所叫做聖士提反的女校，這裏是一所臨時的醫療站，缺醫少藥。端木只好自己為喉頭痰越來越多的蕭紅吸痰。

一九四二年一月二十二日，上午，蕭紅離世。時年三十一歲。

臨死前，蕭紅在紙上寫下遺言：「女人的天空是低的，負擔是重的，而自己又被過多的自我犧牲所累，這種自我犧牲是被迫成那樣的。我雖然想高高飛翔，但我總覺得是要掉下來一樣。我將與藍天碧海永處，留下那半部紅樓給世人看，半生受盡白眼冷遇，身先死，不甘！不甘！」

而鍾耀群的文章中稱，蕭紅臨死，還告訴端木，「我死後要葬在魯迅先生墓旁。現在辦不到，將來要為我辦。現在我死了，你要把我埋在大海邊，我要面向大海，要用白毯子包著我……」[60]

蕭紅火化前，端木剪下了蕭紅的一小撮頭髮。

他用兩個陶罐，裝了蕭紅的骨灰。打算一份放在淺水灣，一份將來放在魯迅的墓旁，戰爭沒有結束，就埋在了聖士提反女校的一棵小樹下。

也有人說，蕭紅的骨灰被裝在兩個花瓶裏。比如遲子建，她在《落紅蕭蕭為哪般》中這樣寫的，「由於被日軍佔領，香港市面上骨灰盒緊缺，端木蕻良不得不去一家古玩店，買了一對素雅的花瓶，替代骨灰盒。這個無奈之舉，在我看來，是冥冥之中蕭紅的暗中訴求。因為蕭紅是一朵盛開了半世的玫瑰，她的靈骨是花泥，回歸花瓶，適得其所。」[61]

而蕭紅去世以後，有一天，剛剛逃出監獄的許廣平忽然收到了端木蕻良的噩耗，蕭紅死了，端木請許廣平「托內山完造先生設法保護」蕭紅的墳墓。[62]

當然，因為諸多原因，許廣平並沒有如此做，後來她寫回憶文章的時候，稱「自承不忠於友」。

在香港的時候，蕭紅還曾經有過離開的想法，在《呼蘭河傳》脫稿以後，因為史沫特萊女士的勸說，蕭紅曾經打算去新加坡，也曾動員茅盾夫婦一起去。[63]不僅打算去新加坡，在香港空氣緊張的時候，她還會給遠在重慶的梅林寫信，「說正在購飛機票回重慶，希望能給先找便房子。但緊張空氣已過，她又延宕下來，以長篇《馬伯樂》未完成和有病為理由。」[64]

但現在，她再也無法離開。

蕭紅去世，柳亞子正打算返回內地。聞得噩耗，他寫了一首七絕：

杜陵兄妹緣何淺，香島雲山夢已空。
公愛私情兩愁絕，剩揮熱淚哭蕭紅。

註釋

1 蕭軍，《人與人間——蕭軍回憶錄》，中國文聯出版公司，二〇〇六年六月第一版，一〇一頁。
2 狄蕊紅，任性造就蕭紅的悲劇人生，二〇〇九年四月十四日《華商報》。
3 蕭軍，《人與人間——蕭軍回憶錄》，中國文聯出版公司，二〇〇六年六月第一版，二十一三頁。
4 張琳，《憶作家蕭紅二三事》
5 蕭軍，《人與人間——蕭軍回憶錄》，中國文聯出版公司，二〇〇六年六月第一版，二十三四頁。
6 蕭軍，《人與人間——蕭軍回憶錄》，中國文聯出版公司，二〇〇六年六月第一版，二十四六頁。
7 蕭軍，《人與人間——蕭軍回憶錄》，中國文聯出版公司，二〇〇六年六月第一版，二十五八頁。
8 許廣平，《追憶蕭紅》。
9 魯迅，蕭紅作《生死場》序。
10 梅志，愛的悲劇。
11 鍾耀群，《端木與蕭紅》，中國文聯出版公司，一九九八年一月第一版，二十一頁。
12 蕭軍，《人與人間——蕭軍回憶錄》，中國文聯出版公司，二〇〇六年六月第一版，二十七一頁。
13 丁玲，《風雨中憶蕭紅》。
14 張琳，《憶作家蕭紅二三事》。
15 許廣平，憶蕭紅。
16 梅志，愛的悲劇。
17 鍾耀群，《端木與蕭紅》，中國文聯出版公司，一九九八年一月第一版，一頁。
18 鍾耀群，《端木與蕭紅》，中國文聯出版公司，一九九八年一月第一版，四頁。

19 鍾耀群，《端木與蕭紅》，中國文聯出版公司，一九九八年一月第一版，六頁。
20 胡風，《胡風回憶錄》，人民文學出版社，一九九三年，第一版第一次印刷，七六頁。
21 鍾耀群，《端木與蕭紅》，中國文聯出版公司，一九九八年一月第一版，八頁。
22 鍾耀群，《端木與蕭紅》，中國文聯出版公司，一九九八年一月第一版，一〇頁。
23 鍾耀群，《端木與蕭紅》，中國文聯出版公司，一九九八年一月第一版，一一頁。
24 鍾耀群，《端木與蕭紅》，中國文聯出版公司，一九九八年一月第一版，一七頁。
25 鍾耀群，《端木與蕭紅》，中國文聯出版公司，一九九八年一月第一版，一八頁。
26 鍾耀群，《端木與蕭紅》，中國文聯出版公司，一九九八年一月第一版，二十〇頁。
27 蕭軍，《蕭紅書簡輯存注釋錄》，二十七頁。
28 鍾耀群，《端木與蕭紅》，中國文聯出版公司，一九九八年一月第一版，二十一頁。
29 鍾耀群，《端木與蕭紅》，中國文聯出版公司，一九九八年一月第一版，二十二十頁。
30 聶紺弩，《在西安》。
31 鍾耀群，《端木與蕭紅》，中國文聯出版公司，一九九八年一月第一版，二十六頁。
32 聶紺弩，《在西安》。
33 鍾耀群，《端木與蕭紅》，中國文聯出版公司，一九九八年一月第一版，二十七頁。
34 鍾耀群，《端木與蕭紅》，中國文聯出版公司，一九九八年一月第一版，二十八頁。
35 鍾耀群，《端木與蕭紅》，中國文聯出版公司，一九九八年一月第一版，三一頁。
36 鍾耀群，《端木與蕭紅》，中國文聯出版公司，一九九八年一月第一版，三二頁。
37 鍾耀群，《端木與蕭紅》，中國文聯出版公司，一九九八年一月第一版，三二頁。
38 鍾耀群，《端木與蕭紅》，中國文聯出版公司，一九九八年一月第一版，三二頁。
39 鍾耀群，《端木與蕭紅》，中國文聯出版公司，一九九八年一月第一版，三三頁。
40 蕭軍，《蕭紅書簡輯存注釋錄》，一五七頁。
41 鍾耀群，《端木與蕭紅》，中國文聯出版公司，一九九八年一月第一版，三三頁。

42 鍾耀群，《端木與蕭紅》，中國文聯出版公司，一九九八年一月第一版，三五頁。
43 鍾耀群，《端木與蕭紅》，中國文聯出版公司，一九九八年一月第一版，三五頁。
44 鍾耀群，《端木與蕭紅》，中國文聯出版公司，一九九八年一月第一版，五〇頁。
45 張曉風，《回憶蕭紅》。
46 鍾耀群，《端木與蕭紅》，中國文聯出版公司，一九九八年一月第一版，三七頁。
47 鍾耀群，《端木與蕭紅》，中國文聯出版公司，一九九八年一月第一版，三八頁。
48 靳以，《悼蕭紅》。
49 鍾耀群，《端木與蕭紅》，中國文聯出版公司，一九九八年一月第一版，四六頁。
50 梅志，愛的悲劇。
51 胡風，《胡風回憶錄》，人民文學出版社，一九九三年，第一版第一次印刷，一一二頁。
52 胡風，《悼蕭紅》。
53 梅志，《愛的悲劇》。
54 鍾耀群，《端木與蕭紅》，中國文聯出版公司，一九九八年一月第一版，六〇頁。
55 鍾耀群，《端木與蕭紅》，中國文聯出版公司，一九九八年一月第一版，六一頁。
56 胡風，《悼蕭紅》。
57 鍾耀群，《端木與蕭紅》，中國文聯出版公司，一九九八年一月第一版，八七頁。
58 鍾耀群，《端木與蕭紅》，中國文聯出版公司，一九九八年一月第一版，一〇四頁。
59 鍾耀群，《端木與蕭紅》，中國文聯出版公司，一九九八年一月第一版，一〇五頁。
60 鍾耀群，《端木與蕭紅》，中國文聯出版公司，一九九八年一月第一版，一〇六頁。
61 遲子建，落紅蕭蕭為哪般。
62 許廣平，憶蕭紅。
63 茅盾，論蕭紅的《呼蘭河傳》。
64 梅林，《憶蕭紅》。

「我的壽命是由天的了」

——林徽因、梁思成的顛沛流離與一世才情

費慰梅在《梁思成和林徽因》中，有這樣一句，「徽是他（梁思成）在建築學方面的助手，但她至今仍受人紀念的原因則在於她畢生所寫的詩篇。」

時至今日，提及林徽因，會有一些標籤，比如「徐志摩」，「女詩人」、「人間四月天」，「金岳霖」，但是關於這個女建築學家和國徽的設計人，倒是很久沒有人再提及了。

史景遷在給費慰梅的這本書寫的前言中提及：

僅僅讓我們遠遠地對二十世紀的中國歷史做一番鳥瞰，就不難發現，這是一個浪費驚人的世紀：浪費掉了機遇，浪費掉了資源，也浪費掉了生命。在外侮入侵和佔領的苦難與

內政如此的無道交織在一起的時候，怎麼可能會有目標明確的國家建設？在大眾的貧敝被某些時期裏市儈的貪婪無度與另一些時期裏國家的極端集權主義變得日益深重的時候，怎麼可能會有平衡的經濟增長？在一個長期動盪不安和審查制度嚴酷得令人難以想像的社會裏，個人的創造活動和心智的探索怎麼可能會得到普遍的展開？

這期間，驚人的浪費毀掉了整整幾代中國人，當然，也包括林徽因們的才情、抱負、健康乃至生命。

用史景遷的話來說，「大量來自不同層面的社會浪費不僅打破了他們的生活，同時也吞噬了他們的生命。有多少次，這個世界幾乎沒有了他們的容身之地。」

時局已經容不下一張安靜的書桌。

（一）

與梁思成一樣，林徽因也出身世家。

其父林長民，在民初也是知名人士。新華門上的匾額是林長民的手跡。

一九一九年巴黎和會上山東問題失敗，林長民撰稿在北京《晨報》上披露內情，疾呼「膠州亡矣，山東亡矣，國不國矣」以警醒國民，並作洪鐘之聲：「國亡無日，願合我四萬萬眾誓死圖之。」第三日遂爆發五四運動。

是年，當局遷怒於林長民，總統徐世昌雖愛其才而難保其位，於是給他一筆錢出洋考察，這就有了長達一年多的歐洲之旅。[1]

這段經歷，對林徽因的成長影響不小。在英國，林徽因因為建築師女房東而喜歡上建築。後來，她的堂弟回憶說，「林徽因常常替她描圖，就喜愛上建築。當時竟想留在英國不肯回國。林長民答應將來再送她出國學建築，才回來的。」[2]

當然，也有人說緣起於林徽因的同學，是林徽因見到自己的倫敦同學，「能花好幾個小時在畫板上畫房子。徽因很喜歡。她的朋友在緊迫的詢問下描述了建築這個職業。徽因當即就確定這正是她所要的職業，一種把日常的藝術創造和實際用途結合起來的事業。」[3]不僅如此，林徽因的這種選擇也影響了梁思成。

「絕頂聰明，又是一副赤熱的心腸，口快，性子直，好強，幾乎婦女全把她當做仇敵。我記起她親口講起的一個得意的趣事。冰心寫了一篇小說〈太太的客廳〉諷刺她，因為每星期六下午，便有若干朋友以她為中心談論時代應有的種種現象和問題。她恰好由山西調察廟宇回到北平，她帶了一罈又陳又香的山西醋，立時叫人送給冰心吃用。她們是朋友，同時又是仇敵。她缺乏婦女的幽嫻的品德。她對於任何問題感到興趣，特別是文學和藝術，具有本能的直接的感悟。

生長富貴，命運坎坷；修養讓她把熱情藏在裏面，熱情卻是她的生活的支柱；喜好和人辯論——因為她愛真理，但是孤獨，寂寞，抑鬱，永遠用詩句表達她的哀愁。」

（三）

一九四五年秋天，李建吾在淪陷的上海，聽到一個消息——林徽因客死重慶，於是寫了一篇文章懷念，並發表在文匯報上。其中寫道「薄命把她的熱情打入冷宮」。

整個抗戰，林徽因的確是「薄命」，她一直在困頓中生活。但好在這個消息只是誤傳。

後來，李健吾知道林徽因尚在人世，喜出望外，又寫了〈林徽因〉一文，「足足有一個春天，我逢人就打聽林徽因女士的消息。人家說她害肺病，死在重慶一家小旅館，境況似乎很壞。我甚至於問到陌生人。人家笑我糊塗。最後，天彷彿有意安慰我這個遠人，朋友忽然來信，說到她的近況，原來她生病是真的，去世卻是誤傳了。一顆沉重的愛心算落下了一半。」[4]

雖未客死，但整個抗戰，林徽因的日子並不好過。只是她的氣節，讓男子都會感到敬佩。

在一九三七年之前，雖然林徽因已經是多病之身，但日子過得充實而滿足。

林徽因有結核病，是在一九三一年二月就在北平協和醫院被查出的，當時醫生囑咐林徽因必須立即療養。這年的二月二十六日，徐志摩在給陸小曼的信中提及，林徽因和梁思成夫婦「瘦的竟像一對猴兒，看了真難過」、「診斷的結果是並已深到危險地步，目前只有停止一切勞動，到山上靜養。」

而一九三五年林徽因舊病復發，醫生要求她臥床休養三年。但林徽因的回答卻是半年。雖如此，她還是移居香山療養。此處是她的熟悉之地，她曾經多次在此療養。林徽因住在了雙清別墅，此時天下還是近乎太和的。

這個時期，林徽因和梁思成都是忙碌的，梁思成也被任命為北京市文物保護委員會顧問。此時的家境也不錯，根據費慰梅的回憶，當時梁家還「請了一位訓練有素的護士搬進來住，照顧她並主持家務，這樣她就可以和家人呆在一起。有護士來幫她抵擋她自己什麼都要費勁去管的傾向，徽因就能集中精力寫作了。她在盡力捕捉構成她許多當前情緒的那些消逝的夢想、感情和見解。」

但實際上，此時噩夢已經慢慢的逼近。日本已經開始了更加肆無忌憚的進犯。

費慰梅《梁思成和林徽因》載，「一九三五年十一月二十一日，天津《大公報》被日軍下令停刊、一九三五年十一月二十一日，徽因聽說天津《大公報》被日本人下令無限期停刊，感到很吃驚，這是一家出色的報紙，它的文藝副刊是最先進的中國當代作家的出版媒體。組建了聯合亞洲先驅報來代替它。徽因接到了一份報，約她給該報的文藝副刊寫稿。她生氣地發現在該報工作的大約有五十位中國人。『難道他們不知道他們在做些什麼？』思成把報紙扔進了火爐。」

一九三六年，林徽因與梁思成還考察了龍門石窟以及山東的各個地方，雖然旅途艱辛，但也累並快樂著。她甚至寫了〈黃昏過泰山〉發表在《大公報》上。

記得那天／心同一條長河，／讓黃昏來臨，／月一片掛在胸襟。／如同這青黛山，／今天，／心是孤傲的屏障一面；／蔥郁，／不忘卻晚霞，／蒼莽，／卻聽腳下風起，／來了夜——

一九三六年十月二十五日，梁思成、林徽因與徐炳昶顧頡剛錢玄同等當時名流發起〈教授界對時局意見書〉。這封張蔭麟起草的意見書直陳，「溯日自瀋陽之變，迄今五載，同人等托跡危城，含垢忍淚，不知其運命之所屆。去秋以來，情事更急，冀東叛變，津門倡亂，綏北危急，豐台撤兵，禍患連翩而至，未聞我政府抗議一辭，增援一卒，大擢全國領土，無在不可斷送於日人一聲威嚇之中」，並提出「政府立即集中全國力量，在不喪國土不辱主權之原則下，對日交涉」等八條要求。

意見書被刊登在這日的《學生與國家》雜誌的第一卷第二期。

一九三七年，上半年，林徽因寫了很多詩，小說以及劇本，她還出席了《大公報》的文藝獎金的評獎會。

費慰梅所寫的傳記裏還特別提及，這年夏天，這對夫婦還發現了「他們早就夢寐以求的高級獎賞——一座尚存的唐代木結構建築，是他們作為中國建築史學者的最高成就。」

而在此時，時局已經變了。

一九三七年七月一日，朱光潛編輯的《文學雜誌》發表了林徽因的《梅真同他們》，但是這個四幕劇卻沒有寫完，發表出來的只有三幕，成為文壇的一個遺憾，也有人做出了種種猜測。陳學勇先生在〈林徽因未完成的劇本〉裏，提到，「當年就有喜歡劇本的讀者問過林徽因，林的回答是：『梅真抗戰去了』。」[6]

這雖是幽默，但林徽因卻在六天後真的「抗戰去了」。

（三）

盧溝炮響，林徽因寫信給女兒梁再冰：「我們希望不打仗事情就可以完；但是如果日本人要來占北平，我們都願意打仗，那時候你就跟著大姑姑那邊，我們就守在北平，等到打勝了仗再說。我覺得現在我們做中國人應該要頂勇敢，什麼都不怕，什麼都頂有決心才好。」[7]

這讓人想起學者陳學勇對林宣的訪問。林宣回憶，「抗戰中，林徽因有個規矩，親戚中凡當了漢奸的，必不來往。」[8]

「七七」事變之初，北平文化人，包括清華園的教授們，想留在淪陷區苟且者不乏其人。[9]最終大多數陸續奔向後方，卻還是有一些人留了下來，且不論個別附逆當了漢奸。林徽因是最先一批走的，毫無猶豫，拖著重病之軀，扶老攜幼上路，捨棄了舒適生活和貴重家產，以及她看得比家產更重的學術資料。[10]

一九三七年七月七日。林徽因與梁思成等人一起在正在山西五臺山一帶考察古代廟宇。盧溝炮響，但因為交通不便的原因，他們並不知曉，他們還在這一天發現佛光寺是建於西元八五七年的唐代建築。一直到八天之後的七月十五日，等林徽因和梁思成從報紙上發現「日軍猛烈進攻我平郊據點」字樣的標題的時候，戰爭爆發已一星期了。

此時的北京城，一片混亂，到了七月二十九日，千年古城淪入日人之手。回到北京，梁思成忙於整理中國營造學社的資料的保存，而林徽因則忙於家務的處理。而到了八月，中國營造學社也臨時解散。未幾，梁思成收到了日本人的請柬。日本當局打算讓梁思成組織所謂的「中日友好協會」。這個協會，如果梁思成出面組織，以梁思成的家世和學問，在日本人看來，如果梁思成肯就範，這實在是再好不過的選擇。

但這對於梁思成和林徽因來說，這是不可能的事情，只能加快他們逃離北京的步伐，梁從誡的文章中有這樣的回憶：「父母知道，除非當漢奸，北平已不可留。民族的氣節使他們毅然拋下這個溫馨的家，只拿了幾隻箱子和鋪蓋卷，帶著外婆和我們姐弟，立刻出走，踏上了那前途未蔔的漫長的『逃難』之路。」[11]

實際上，從一九三五年底北京的大學即有了南遷的打算，清華已經開始打包實驗儀器，圖書館甚至已經在催促讀者們歸還重要的圖書。費正清面對這一切黯然神傷，說「中國最好的大學圖書館正在煙消雲散。」在此時，中國營造學社也開始了將資料收藏裝箱轉移的工作，而梁思成一家同樣開始整理起個人物品。

費慰梅在她為梁思成和林徽因所寫的傳記裏寫到，林徽因告訴她，「如果說我們的民族災難來得特別快又特別殘酷，我們也不得不立即起來主動應戰。困難是肯定有的，但我們不會無所作為地坐在那裏，只是暗暗地捏緊拳頭，而我們的『面子』每一分鐘都受到羞辱的威脅。」

而這一天，終於在一九三七年變成了現實。

（四）

林徽因後來給沈從文寫信，提及她們一家離開北平的情形。

「自你走後我們北平學社方面發生了許多叫我們操心的事，好容易挨過了倆仨星期（我都記不清有多久了）才算走脫，最後我是病的，卻沒有聲張，臨走去醫院檢查了一遍，結果是得著醫生嚴重的警告——但警告白警告，我的壽命是由天的了。

臨行的前夜一直弄到半夜三點半，次早六時由家裏出發，我只覺得是硬由北總布胡同扯出來上車拉倒。東西全棄下倒無所謂，最難過的是許多朋友都像是放下忍心的走掉，端公太太、公超太太住在我家，臨別真是說不出的感到似乎是故意那麼狠心的把她們拋下，兆和。也是一個使我頂不知怎樣才好的，而偏偏我就根本趕不上去北城一趟看看她。我恨不得是把所有北平留下的太大孩子擠在一塊走出到天津再說。可是我也知道天津地方更莫名其妙，生活又貴，平津那一節火車情形那時也是一天一個花樣，誰都不保險會出什麼樣把戲的。」

「我的壽命是由天的了。」一個女子，在民族大義面前如是，讓讀到這封信的每個男兒感到汗顏。

一九三七年九月五日，林徽因一家離開了北總布胡同三號的四合院，從此踏上流離之途。林徽因先是到天津，暫住於梁家在天津租界的房子。後買舟南下，到青島，而後到濟南，一路經徐州、鄭州、武漢，一直到達長沙。[12]「帶著行李小孩奉著老母，由天津到長沙共計上下舟車十六次，進出旅店十二次……」期間辛苦，自不待言。

林徽因一路行來，滿目瘡痍，她在這封信中問沈從文，「二哥，你想，我們該怎樣的活著才有法子安頓這一副還未死透的良心？」

在長沙，林徽因一家租到兩間屋子，長沙並非完全之後方。也是警報頻頻，而偏偏她們租住的屋子就在火車站旁，每日裏不僅火車從窗下過，而且對於日軍的轟炸來說，火車自然是其目標，對於住在樓上的林徽因來說，自然無從安全。每當，轟炸空隙，對於林徽因來說就必須跑警報，「生活也就飽滿到萬分」。而這種生活對於身體不好的林徽因來說，自然是一種折磨。

十一月九日，林徽因給沈從文寫信：

這十天裏長沙的雨更象徵著一切黴濕，淒愴，惶惑的生活。那種永不開縫的陰霸封鎖著上面的天，留下一串串繼續又繼續著簷漏般不痛快的雨，屋裏人凍成更渺小無能的小動物，縮著脖子只在呆想中讓時間趕到頭裏，拖著自己半蟄伏的靈魂。接到你第一封信後我又重新發熱傷風過一次，這次很規矩的躺在床上發冷，或發熱，日子清苦得無法設想，偏還老那麼懸著，叫人著一種無可奈何的急。如果有天，天又有意旨，我真想他明白點告訴我一點事，好比說我這種人需要不需要活著，不需要的話，這種懸著日子也不都是侈奢？好比說一個非常有精神喜歡掙扎著生存的人，為什麼需要肺病，如果是需要，許多希望著健康的想念在她也就很侈奢，是不是最好沒有？死在長沙雨裏，死得雖未免太冷點，往昆明跑，跑後的結果如果是一樣，那又怎樣：昨天我們夫婦算算到昆明去，現在要不就走，再去怕更要落雪落丙發生問題就走的話，除卻旅費，到了那邊時身上一共剩下三百來元，萬一學社經費不成功，帶著那一點點錢一家子老老小小流落在那裏頗不妥當最好得等基金方面一點消息。……

這個時候，已經是冬季，可謂是淒風苦雨，而林徽因如果到了昆明，除去盤纏，全家身上只有三百元錢，生活都沒有著落。林徽因的心情可謂如同這長沙的天氣。只有在寫信的這天是晴天，林徽因坐在一張破籐椅上，破籐椅放在小破廊子上，旁邊曬著棉被和雨鞋，她才會「輕鬆一半，該想的事暫時不在想它」。

這封信的半個月之後，也就是十一月二十四日，日軍開始了對古城長沙的轟炸。有文史資料稱，這是日軍第一次對長沙開始轟炸，一共出動了四架飛機，「投彈六枚，炸死炸傷民眾三百餘人」。這也包括林徽因所在之聖經學院，並且林徽因的房子差點被直接擊中，當時林徽因一家五口全部在家，炸彈落在了距離他們房子十五碼的遠處。此時，兩個孩子在生病。林徽因抱著小兒子被炸彈的餘波拋在了空中，好在並未受傷，只是那些門窗、玻璃……全部碎了。本來就是客居的林徽因一家只好再去投奔同樣是客居的朋友。[13]

雖然囊中所剩無幾，梁思成一家依舊南行，十二月八日，他們一家向昆明遷移。陳學勇先生之《林徽因尋真》一書中載，「他們是北平南遷到長沙的知識份子中最早去昆明的一戶。」[14]

南行路上，路過沅陵，沈從文長兄進行了招待，這一路風光不錯。讓林徽因在給沈從文的信中也滿是信心，她甚至勸沈從文不要對時局灰心。

但是，到了十二月的中旬，林徽因就高燒到了四十度，她得了支氣管炎，並發展成了肺炎。滿街都是逃難的人群，梁思成甚至都無法為這位重病人找到一個可以休息的旅店，好在他遇到了空軍學院的八名學員，更幸運的是，他遇到了一位女醫生。於是，不得不在晃縣的一個小旅店裏待了二十周。

至十二月二十四日，方重新上路。這天從凌晨一點開始，他們就開始往一輛十六座的汽車上裝行李，最後到了十點多，汽車啟程，已經是二十七名旅客。

（五）

一路南行。一直到了一九三八年一月的中旬，一行人才到達昆明。

梁思成一家最初租住在止園，這是昆明前市長的寓所。

在止園，林徽因一直住到年底，隨後分別住在昆明西山一所別墅與巡津街九號。但是，到了第二年，也就是一九三九年的春天，他們為了躲避日軍的轟炸，不得不再次遷移，到了昆明近郊的龍頭村。[15]

林徽因一家到昆明之時，已經距離開北平四月之久。到達昆明之後，梁思成即因背脊椎關節炎復發病倒達半年。這個時候，林徽因其實身體也未見多少好轉，林徽因年譜載，三月十一日，吳宓到訪，林徽因就沒有出面晤談，而是由同樣病中，「馱著背」的梁思成接待。

梁思成的腿和脊椎問題是一九二三年的那次車禍所造成的，那年五月七日，他與梁思永一起去參加抗議示威，結果他所騎的摩托車與一輛轎車相撞。「當他們轉入大道時他們被一輛大轎車撞到側面，摩托車被撞翻了。它重重地摔倒在地，把思永扔出老遠，把思成壓在下面。坐在轎車裏的官員命令他的車夫繼續往前開。」這次相撞讓他動了三次手術，「從那時起，左腿就顯然比右腿短一大截。其不可避免的結果就是一輩子跛足和由於脊椎病弱而裝設背部支架。對於一個由於職業原因需要常常在農村裏長時間行走並攀越和檢查房頂和桁架的人來說，這種殘疾實在是難以忍受的。」[16]

而當時沒有想到的是，梁思成所需要忍受的不僅僅是攀爬的困苦和山間的勞累。還有無休止的戰亂。

撞梁思成的是當時的陸軍部次長金永炎，而這位畢業於日本陸軍士官學校四期的官爺竟然連車都沒下，只是從視窗扔出自己的名片給前來的員警處理後事，然後便駕車揚長而去。軍人跋扈如是，如何談保家衛國。

在昆明，林徽因和梁思成「宣言我們願意服務的替政府或其他公共機關效力，到好如今人家還是不找我們做正經事，現在所忙的僅是一些零碎的私人所委託的雜務，這種私人相委的事如果他們肯給一點實際的酬報，我們生活可以稍稍安定，挪點時候做些其他有價值的事也好，偏又不然，所以我仍然得另想別的辦法付昆明的高價房租，結果是又接受了教書生涯，一星期來往四次山坡走老遠的路到雲大去教六點鐘的補習英文上月淨得四十元法幣而一方面為一種我們最不可少的皮尺昨天花了二十三元買來。」[17]而駝著背的梁思成也受聘於西南聯大新設立的校舍建築工程處，擔任工程師。

六月，沈從文也到達昆明。當天下午，梁思成夫婦就跟沈從文來到昆明的高地，欣賞雨後的風景，他們還認為昆明是一個「應該發展文化藝術的最理想的環境」。雖然這樣認為，但此時之昆明，實在沒有發展藝術的財力。這年八月，梁思成夫婦為西南聯大設計校舍，方案一改再改，從一流現代學府的高樓變成了矮樓最後成了平房，這可不是西南聯大諸君為了貫徹清華老校長梅貽琦的那句「所謂大學者，非謂有大樓之謂也，有大師之謂也」，而是實在沒有那麼多經費來建造如此之建築。

居昆明兩年，林徽因數次搬家，但林徽因和梁思成都是建築學家，他們開始自己蓋房子，並且在當時李濟、錢端升他們也早就開始自己蓋房子的了。梁林一家還算是晚了一些。根據林徽因寫給費慰梅的信，可以得知，這是一個沒有軍事目標，且風景還算優美的房子，「鄰接一條長堤，堤上長滿如古畫中的那種高大筆直的松樹」。但是，卻差不多花去了他們一家的積蓄，因為造價比最初高出了三倍。

他們的房子落成後不久，金岳霖又在龍頭村建房與梁思成林徽因比鄰。[18]林徽因致費慰梅的信中說：「這個春天，老金在我們房子的一邊添蓋了一間耳房，這樣，整個北總布胡同集體就原封不動地搬到了這裏，可天知道能維持多久。」

（六）

的確是沒有多久，剛剛安居了幾個月，教育部的調令來了。

根據教育部的命令，中國營造學社可以隨中央研究院史語所一起前往四川。

此時的中國營造學社經濟狀況已經不佳，於是剛剛安定下來築巢而居的林徽因和梁思成不得不再次踏上遷徙之途。他們的前方是李莊。

一九四〇年十一月二十九日，林徽因開始隨史語所前往四川，一行三十一人，「從七十歲的老人到一個剛出生的嬰兒擠在一個車廂裏，一家人只准帶八十公斤行李」。

但這些人裏沒有梁思成，此時的梁思成腳傷感染，暫時在昆明療養。於是，林徽因以多病之軀與母親、梁再冰、梁從誡一起前往李莊。未曾想，只走了一天，梁從誡又生病，發燒到三九度，半夜說胡話。

近半月，一直到這年的十二月十三日，林徽因才到達此行的目的地李莊。一周之後，梁思成也來到了這裏。在這個四川的小鎮，林徽因和梁思成以及中國營造學社的成員一起開始了新的工作。中國營造學社的社址選在了距離李莊有兩里地左右的上壩村月亮田。

到達李莊後，中國營造學社開始了新的工作，但是到了年底，林徽因即病倒了，這次是結核病復發。在現代的結核病治療中，其中的一個重要原則就是要增加營養，這樣才能增強患者的抵抗力，來滿足對於結核病病灶的修復。而在當時之環境下，生活都成了問題，又能如何的保證營養呢？不僅如此，林徽因自抗戰之初便一路遷移，期間艱辛自不待言。

從梁思成用那些形態不一的紙張給費正清夫婦寫的信中就能看出當時的困境，「在菜油燈下，做著孩子的布鞋，購買和烹調便宜的粗食，我們過著我們父輩在他們十幾歲時過的生活但又做著現代的工作。有時候讀著外國雜誌和看著現代化設施的彩色繽紛的廣告真像面對奇跡一樣。昆明的氣候和景色非常可愛，使我們很喜歡。四川就很糟糕。我們居於長江上游一條不太吸引人的支流旁。南遷以來，我的辦公室人員增加了一倍，而我又能籌集到比過去兩年中所得到的還要多的資金。我的薪水只夠我家吃的，但我們為能過這樣的好日子而很滿意。我的迷人的病妻因為我們仍能不動搖地幹我們的工作而感到高興。」[19]

不僅病倒的是林徽因，梁思成也是多病之身。一九三八年他就開始「馱著背」，而達到李莊之後的梁思成其脊椎問題也是越來越嚴重。病中，梁思成依舊為支撐中國營造學社之經費而奔波，甚至新年中亦是如此。到了一九四一年春天，他們本來有去美國講學、治病之機會，但被其謝絕。

林徽因的病情是在食物和營養極度匱乏的情況下所造成的。在營養能跟的上的情況下，就會有所緩解。費慰梅在其傳記中回憶，一九四二年的十一月，費正清訪問李莊，其結果是，「一個好的女傭人、好的食品和費正清送去的奶粉使徽因的健康狀況奇跡般地好轉起來」。

十一月二十六日，林徽因寫信給費正清，「不發燒、不咳嗽、沒有消化不良，睡眠和胃口部好，又有好的食物和克寧奶粉。」

而這對出身世家的梁思成和林徽因來說，聽起來無比淒慘。

（七）

更大的悲痛莫過於此時親人的去世。

抗戰之初，林徽因有一個規矩，即親戚中有做漢奸的，絕不來往，可見其骨氣。其同父異母的三弟林恒在一九四一年三月十四日在成都戰死。

林恒是當時空軍的一員，他本來是清華的學生，一九三五年參加一二九運動，曾經失蹤了十二個小時，後來他乾脆放棄了在清華的學習，毅然投筆從戎報考了空軍學校。金岳霖在信中提及林恒，「他一九三九年夏天到了昆明，一九四〇年春天可以說是以優異的成績畢業，在同班一百多學員中名列第二。在短短的幾年中，他已成為一個老練的飛行員，一個空軍駕駛員。」

梁從誡後來在〈悼中國空軍抗日英烈〉中回憶，「三舅林恒（他們的訓練基地後來遷到了成都）也在成都上空陣亡了。那一次，由於後方防空警戒系統的不力，大批日機已經飛臨成都上空，我方僅有的幾架驅逐機才得到命令，倉促起飛迎戰，卻已經太遲了。三舅的座機剛剛離開跑道，沒有拉起來就被敵人居高臨下地擊落在離跑道盡頭只有幾百米的地方。他甚至沒有來得及參加一次像樣的戰鬥，就獻出了自己年輕的生命。父親匆匆趕往成都收殮了他的遺體，掩埋在一處無名的墓地裏……」

梁思成沒有敢將這一噩耗告知林徽因，而是自己到成都收殮了林恒的遺體。梁思成歸來後，把林恒的遺物——一套軍禮服和一把畢業時由部隊配發的「中正劍」，小心翼翼地包在一個黑色包袱裏，悄悄藏到衣箱最底層。等梁思成回到李莊，此時林徽因的病比他在旅途中想像的要厲害的多，但是面對這一噩耗，林徽因還是「勇敢地面對了這一悲慘的消息」。梁思成將一塊飛機殘骸，帶回了李莊。後來，林徽因把這一塊殘骸掛在自己的床頭，以示永久紀念。

自己弟弟戰死藍天，林徽因家在抗戰期間，收到飛行員戰死的資訊遠不及此。他們在南遷中，曾經遇到了中國空軍杭州筧橋航校第七期的八名學員。這些學員也撤退到了昆明，並且因為在他們的親人都在淪陷區而不在昆明，林徽因一家作為名譽家長，在巫家壩機場參加了這些飛行員們的畢業典禮。

這其中有一位小提琴手，但是在當時，男兒為國不為家，弦斷人亡早就是意料之中的宿命。果然，在抗戰中，這些飛行員全部為國捐軀。最後一個是林耀，梁從誡的文章中回憶，「一九四四年六月二十六日他的座機在長沙上空戰鬥中中彈起火，在被迫返航時飛機失控，他再次跳傘。因傘未張開，犧牲於湖南甯鄉縣巴林鄉橫塘嶺。當地百姓掩埋了他的屍骸並立了墳墓。林耀陣亡後被追認為空軍少校。」

在一九四四年的某個黃昏，梁思成一家收到了第九份陣亡通知書。他是梁家八個名譽子弟中最後一個戰死在藍天的。加之林恒，林家在空戰中就捐軀九人。

後來，林徽因寫〈哭三弟恒〉：「弟弟，我沒有適合時代的語言／來哀悼你的死；／它是時代向你的要求，／簡單的，你給了。……」

梁從誡稱，「這時離開三舅的犧牲已經三年，母親所悼念的，顯然並不只是他一人」。

（八）

一九四二年四月十八日傅斯年提筆給當時的教育部長朱家驊寫了一封信，這封信言及了梁思成一家在李莊的生活狀態。

「梁思成、思永兄弟皆困在李莊。思成之困，是因其夫人林徽因女士生了T.B，臥床二年矣。思永是鬧了三年胃病，甚重之胃病，近忽患氣管炎，一查，肺病甚重。梁任公家道清寒，兄必知之，他們二人萬里跋涉，到湘、到桂、到滇、到川，已弄得吃盡當光，又逢此等病，其勢不可終日」。「弟在此看著，實在難過，兄必有同感也。弟之看法，政府對於他們，似當給些補助。」

這封信的主要目的是在梁思成一家居於李莊生活難以為繼的狀況之下，請求作為教育部部長的朱家驊施以援手，「今日在此困難中，論其家世，論其個人，政府似皆宜有所體恤也。未知吾兄可否與陳佈雷先生一商此事，便中向介公一言，說明梁任公之後嗣，人品學問，皆中國之第一流人物，國際知名，而病困至此，似乎可贈以二、三萬元（此數雖大，然此等病症，所費當不止此也）。國家雖不能承認梁任公在政治上有何貢獻，然其在文化上之貢獻有不可沒者，而名人之後，如梁氏兄弟者，亦復甚少！二人所作皆發揚中國歷史上之文物，亦此時介公所提倡者也。」

傅斯年在信中還著重強調，「今日徘徊思永、思成二人之處境，恐無外邊幫助要出事」，一向為人耿直，不肯求人的傅斯年專門給政府寫信，可以看出當時梁家已經何等困頓。

未幾，這筆傅斯年寫信求來的款項到達，梁思成與林徽因一家的生活開始進入了正規。梁思成後來寫信給費正清說：「我們的家境已經大大改善，大概你們都無法相信。每天的生活十分正常，我按時上班從不間斷，徽因操持家務也不感吃力……當然秘密就在於我們的經濟情況改善了，而最讓人高興的是，徽因的體重在過去二個月中增加了八磅半。」

但是，這筆款項的到達最初梁家是不清楚的，一直到朱家驊的款項到達，傅斯年才連同他給朱家驊的信件一併抄送了梁思成林徽因夫婦，這時這對抗戰中奔波的夫妻，才知道這筆錢的來歷。

林徽因當即回覆傅斯年一封信，稱得知此事後「大吃一驚」，因為「今日里巷之士窮愁疾病，屯蹶顛沛者甚多。固為抗戰生活之一部，獨思成兄弟年來蒙你老兄種種幫忙，營救護理無所不至，一切醫藥未曾欠缺，在你方面固然是存天下之義，而無有所私，但在我們方面雖感到lucky終增愧悚，深覺抗戰中未有貢獻，自身先成朋友及社會上的累贅的可恥。」

傅斯年因性格耿直，經常仗義執言，而有傅大炮之稱，其性情也相比孤傲，而其抗戰中為梁林之生活而寫信求款，一方面說明為國家惜人才，而另一方面，可以看出當時梁林生活已經到何等困頓，這應是其一生中最為艱難的時刻。

而事實上，中國營造學社的經濟狀況一直都沒有太大的好轉。雖然自一九三八年，營造學社就陸續的得到了小規模的資金和恢復運轉。在一九三九年的秋天，梁思成還曾經帶著營造學社的考察團在四川進行了長達半年的考察。

此時，已經有人開始離開營造學社。

在一九四三年，林徽因曾經致信費正清，打算將中國建築的圖版，附上中英文說明之後，做成微型膠片，以送到美國去出版。林徽因這種做法，一方面可以為中國營造學社的社員們找一個目標，另一方面也可以穩定人心。

（九）

一九四五年很快來了。

在三月的時候，清華成立了建築系，梁思成擔任了系主任。不久，他又被任命為戰地文物保護的副主任。

到了八月，日軍投降了。但此時，夫妻雙方並沒有能夠同時享受這份喜悅，因為此時的梁思成遠在重慶。傳來抗戰勝利消息的那天夜裏，梁思成與費慰梅一起在美國大使館用餐。忽然對面山上群燈亮起，未幾，傳來了勝利的消息。

「劍外忽傳收薊北，初聞涕淚滿衣裳。卻看妻子愁何在，漫捲詩書喜欲狂。」與杜子美所不同的，一片勝利的歡呼聲中，「思成感到有點孤寂，一直等了八年，可是消息來到的時候他卻不在家」。一位美軍的飛行員將梁思成和費慰梅送到了宜賓，然後乘船數英里來到了李莊。

費慰梅所見到的林徽因躺在床上，「蒼白又瘦削，但毫不氣餒」，「徽因慶祝勝利的方式是坐轎子到茶館去，我在旁邊走著。這是她在鎮上整整五年時間裏的第一次。儘管可能不利於她的健康，這次出行給她留下了新的景象、新的聲音和新的面孔，夠她今後好幾個星期琢磨的。她每天只要有可能，都要寫點東西，有時是關於建築或關於漢代歷史的論文，她甚至還構思了一本小說。」[20]

而他們的孩子，梁再冰已經十六歲了。

但林徽因已經有五年沒有離開這個叫做李莊的小鎮了。一直到十一月，她才到達重慶，有美國醫生給林徽因做檢查。她的朋友費慰梅被告知，「她兩肺和一個腎都已感染，她短暫而多彩的生活在幾年內，也許是五年，就會走到盡頭。」

費慰梅還說，「我沒有告訴她，她也沒有問。我想她全知道。」

好在這次又是誤判，一直到一九五五年四月一日的清晨，林徽因去世。金岳霖與鄧以蟄共同寫了一副輓聯，「一生詩意千尋瀑，萬古人間四月天」。

其墓碑在文革中被毀，成無字碑，一直到了二〇〇三年才被修復。

註釋

1 陳學勇，《林徽因尋真》，一三二十頁。

2 陳學勇，《林徽因尋真》，一四三頁。

3 費慰梅，《梁思成和林徽因》。

4 陳學勇，《林徽因尋真》，二十五頁。

5 陳學勇，《林徽因尋真》，一九三頁。

6 陳學勇，《林徽因尋真》，四三頁。

7 林徽因，《致梁再冰》。

8 陳學勇，《林徽因尋真》，一四八頁。

9 見徐葆耕文《清華園淪陷前夕的教授們》。

10 陳學勇，《林徽因尋真》，二十七頁。

11 陳學勇·林徽因尋真——林徽因生平創作叢考·北京：中華書局，二〇〇三年，二三七頁。

12 關於林徽因到達長沙的時間，有各種說法。有的說法是九月中旬抵達長沙。而金岳霖在其文章中稱，「最後到達長沙已是十月一日了。聯合大學十一月一日開學。」

13 見林徽因給費慰梅的信。

14 陳學勇《林徽因尋真》，二十三九頁。

15 關於他們在昆明的居所，說法不一，梁從誡在文章中回憶，是在一九三八年的秋天到的麥地村，但是，在陳學勇編訂的林徽因年譜中記載，這應該是在一九三九年的秋天。而根據費慰梅的記載，這又是在一九四〇年春天。

16 費慰梅，《梁思成與林徽因》。

17 見林徽因給沈從文的信。

18 金岳霖在一九三八年三月初，從海防取道窄軌鐵路來到昆明。

19 見費慰梅，《梁思成與林徽因》。

20 見費慰梅《梁思成與林徽因》。

讀歷史19　PC0251

江山半壁人離亂
——抗戰中的文人私事

作　　者／莊　瑩
主　　編／蔡登山
責任編輯／林千惠
圖文排版／邱瀞誼
封面設計／秦禎翊

發 行 人／宋政坤
法律顧問／毛國樑　律師
出版發行／秀威資訊科技股份有限公司
114台北市內湖區瑞光路76巷65號1樓
電話：+886-2-2796-3638　傳真：+886-2-2796-1377
http://www.showwe.com.tw
劃撥帳號／19563868　戶名：秀威資訊科技股份有限公司
讀者服務信箱：service@showwe.com.tw
展售門市／國家書店（松江門市）
104台北市中山區松江路209號1樓
電話：+886-2-2518-0207　傳真：+886-2-2518-0778
網路訂購／秀威網路書店：http://www.bodbooks.com.tw
國家網路書店：http://www.govbooks.com.tw

2013年5月BOD一版
定價：280元
版權所有　翻印必究
本書如有缺頁、破損或裝訂錯誤，請寄回更換

Copyright©2013 by Showwe Information Co., Ltd.
Printed in Taiwan
All Rights Reserved

國家圖書館出版品預行編目

江山半壁人離亂 : 抗戰中的文人私事 / 莊瑩著. -- 一版. -- 臺北市 : 秀威資訊科技, 2013.05

面； 公分

BOD版

ISBN 978-986-326-093-6(平裝)

1. 作家 2. 傳記 3. 中國

782.248 102004559

讀者回函卡

感謝您購買本書，為提升服務品質，請填妥以下資料，將讀者回函卡直接寄回或傳真本公司，收到您的寶貴意見後，我們會收藏記錄及檢討，謝謝！

如您需要了解本公司最新出版書目、購書優惠或企劃活動，歡迎您上網查詢或下載相關資料：http:// www.showwe.com.tw

您購買的書名：________________________________

出生日期：________年________月________日

學歷：□高中 (含) 以下　□大專　□研究所 (含) 以上

職業：□製造業　□金融業　□資訊業　□軍警　□傳播業　□自由業

□服務業　□公務員　□教職　□學生　□家管　□其它_____

購書地點：□網路書店　□實體書店　□書展　□郵購　□贈閱　□其他

您從何得知本書的消息？

□網路書店　□實體書店　□網路搜尋　□電子報　□書訊　□雜誌

□傳播媒體　□親友推薦　□網站推薦　□部落格　□其他__________

您對本書的評價：(請填代號　1.非常滿意　2.滿意　3.尚可　4.再改進)

封面設計____　版面編排____　內容____　文／譯筆____　價格____

讀完書後您覺得：

□很有收穫　□有收穫　□收穫不多　□沒收穫

對我們的建議：________________________________

____

____

____

請貼
郵票

11466
台北市内湖區瑞光路 76 巷 65 號 1 樓
秀威資訊科技股份有限公司　　收
BOD 數位出版事業部

....

（請沿線對折寄回，謝謝！）

姓　名：＿＿＿＿＿＿＿＿　年齡：＿＿＿＿　性別：□女　□男

郵遞區號：□□□□□

地　址：＿＿＿＿＿＿＿＿＿＿＿＿＿＿＿＿＿

聯絡電話：(日)＿＿＿＿＿＿＿＿ (夜)＿＿＿＿＿＿＿＿

E-mail：＿＿＿＿＿＿＿＿＿＿＿＿＿＿＿＿＿